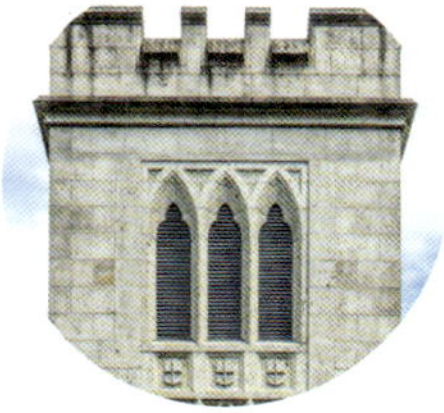

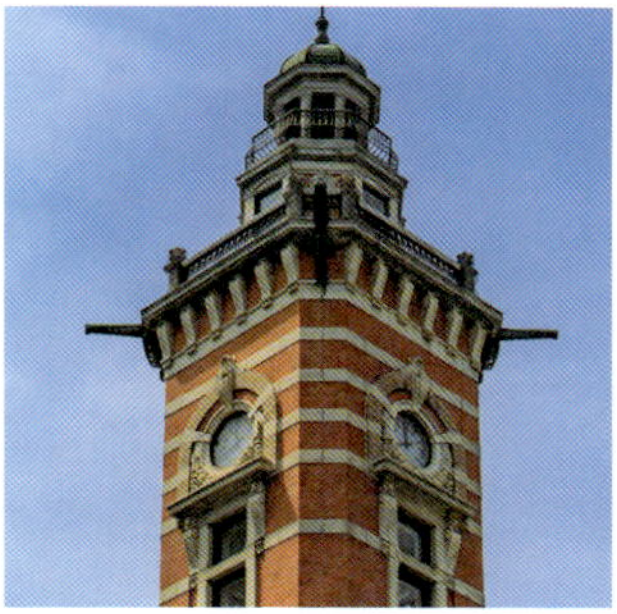

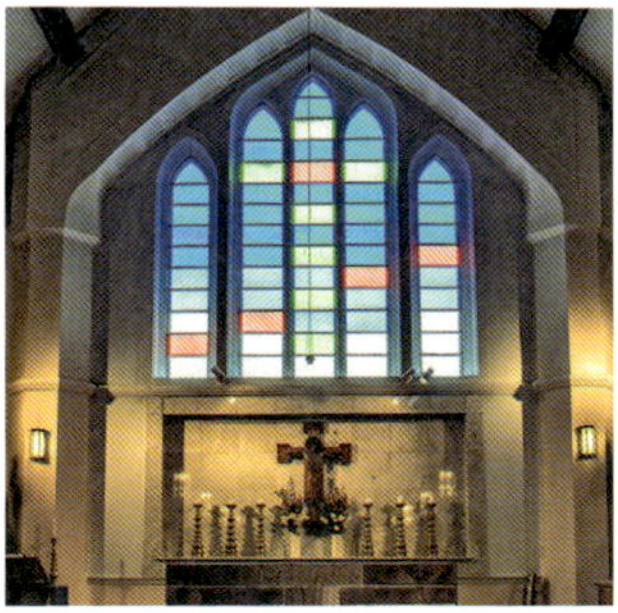

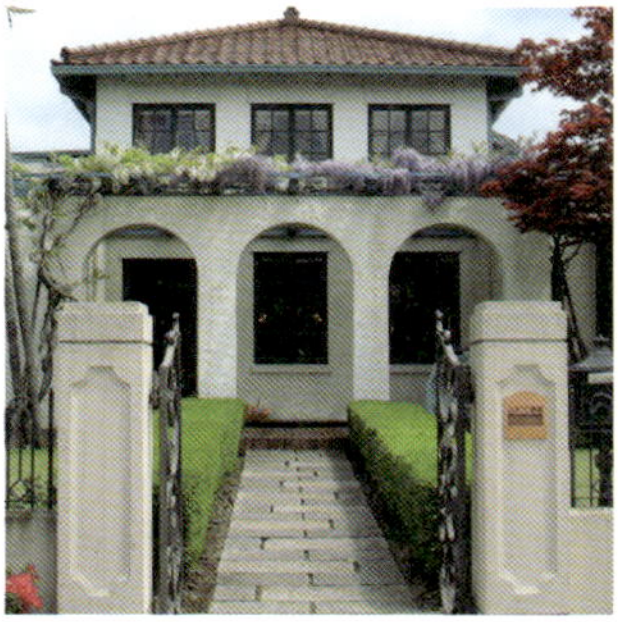

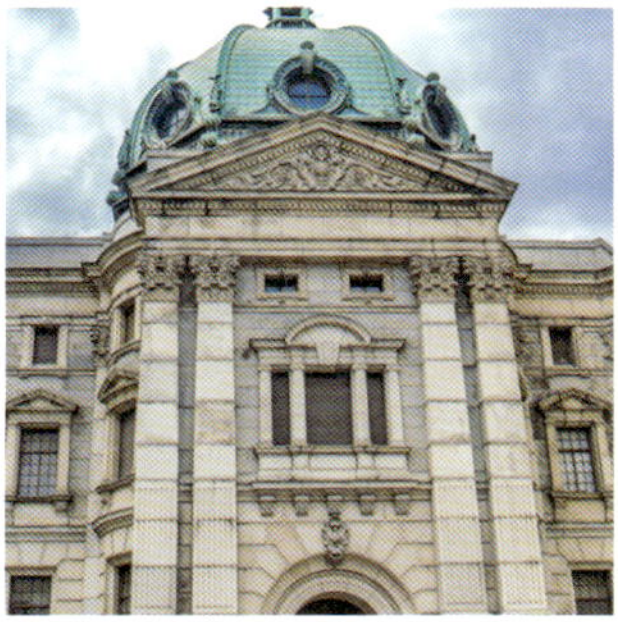

横濱 レトロモダン建物めぐり

横濱たてもの探訪会 著

Mates-Publishing

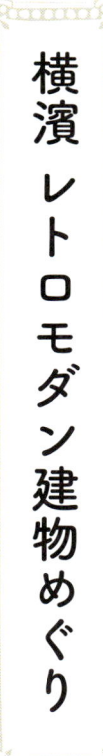

はじめに

横浜は日本の開港都市として西洋文化と日本文化が交錯し、多様な建築様式が生まれた街です。また、横浜はさまざまな文化や歴史的な出来事の発祥の地でもあります。

その中で横浜にあるレトロモダンな建物は、時代の変遷を感じさせる美しさとともに、古き良き時代の趣を残しつつ、現代の洗練されたデザインと調和しています。

これらの建物は、単なる過去の遺産としてだけでなく、今もなお街の風景に溶け込みながら、新たな価値を創出し続けている点で特別な存在といえるでしょう。

この本は、まだ知らない横浜の素敵な建物に出会ったり、よく知っている観光名所でも意外な発見をしたりと、実際に持ち歩けながら見て楽しめるガイドブックを目指しています。建物めぐりに疲れたときは、ぜひ本書に掲載しているカフェやレストランに行ってみてください。歴史的建造物の中で異国情緒にあふれた体験をすることができるでしょう。

本書をきっかけに横浜に点在するレトロモダンな建築物、飲食店、史跡に訪れ、その背景にある歴史や文化について触れていただければ幸いです。

この本の使い方

この本は横浜市内の建物分布エリアを、大きく４つに分けて紹介しています。

＊ P7 の「横浜市広域マップ」上に、建物の分布エリア４つを表示しています。
＊ 各エリアの最初のページに、より詳細な建物エリアマップを掲載しています。
＊ 建物エリアマップ内の番号と、紹介ページの建物の番号を照らし合わせて探すことができます。

【建物の番号】

各エリアの「建物エリアマップ」の場所と番号を照らし合わせて建物のある場所を確認してください。


【建物の写真】

写真をふんだんに掲載し、実物の雰囲気を存分に伝えています。

【インフォメーション欄】
各建物の建築年や設計者、所在地、施設や店舗の電話番号、営業・公開時間、定休・休館日などを掲載しています。
※建物によって内容は異なります。

【建物の紹介文】

建物の歴史や設計やデザインの魅力、見どころなどを紹介しています。


【アイコン】

カフェなどの飲食店、または建物の中に飲食設備がある施設や店舗を示しています。

ホテルなどの宿泊設備のある施設であることを示しています。

【注意】

本書の情報は、2024 年 9 月のものです。ゴールデンウィークや夏期・年末年始の特別期間などの影響により、営業・公開時間や定休・休館日などが記載と異なる可能性があります。お出かけの際には HP などで必ず事前にご確認ください。

横濱 レトロモダン建物めぐり

もくじ

234

馬車道
BASHAMICHI

横浜市広域マップ

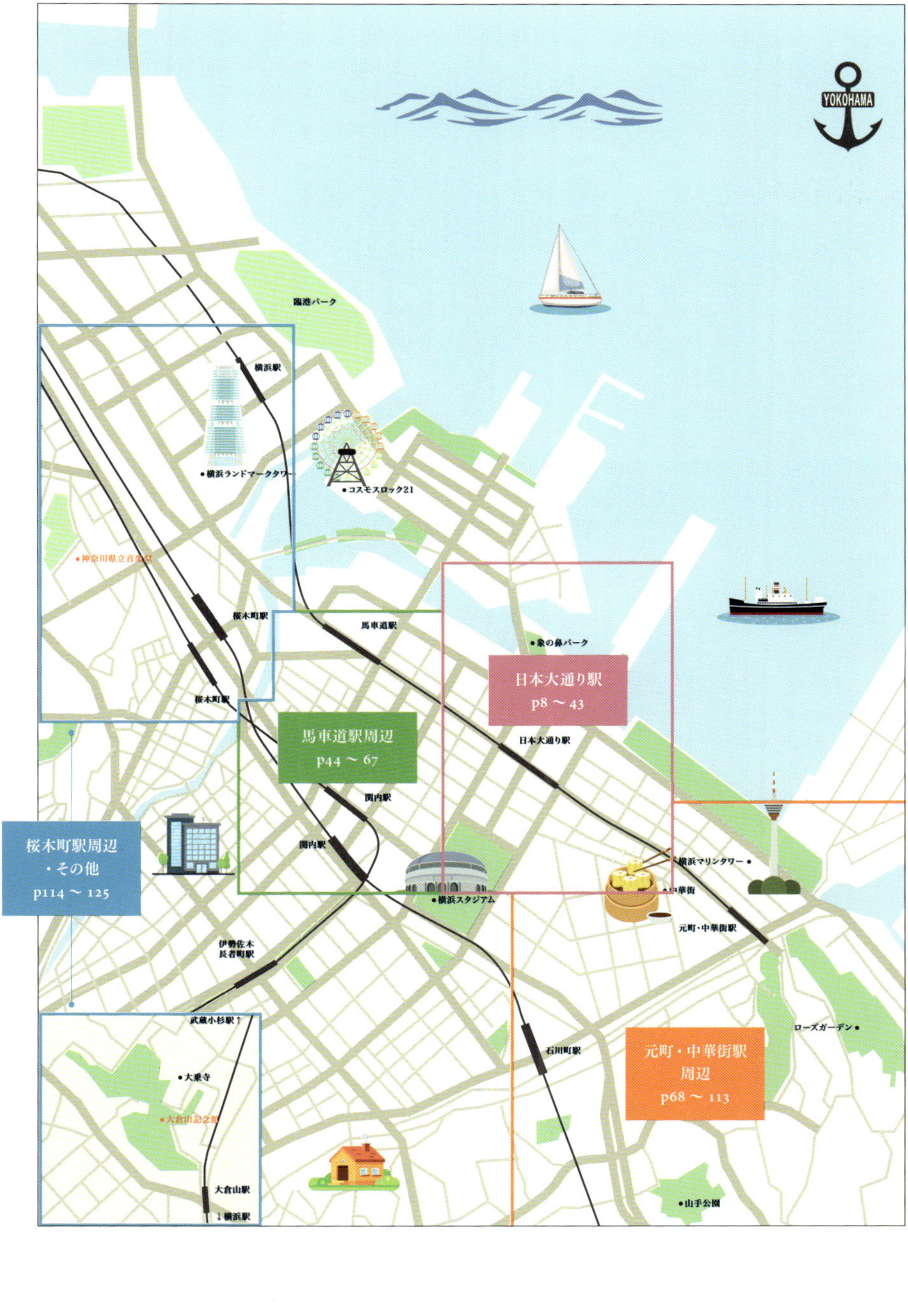
YOKOHAMA
臨港パーク
横浜駅
●横浜ランドマークタワー
●コスモスロック21
●神奈川県立音楽堂
桜木町駅
桜木町駅
馬車道駅
●象の鼻パーク
日本大通り駅
p8 〜 43
日本大通り駅
馬車道駅周辺
p44 〜 67
関内駅
関内駅
桜木町駅周辺
・その他
p114 〜 125
●横浜スタジアム
横浜マリンタワー ●
元町・中華街駅
伊勢佐木
長者町駅
武蔵小杉駅↑
●大乗寺
●大倉山記念館
大倉山駅
↓横浜駅
石川町駅
ローズガーデン●
元町・中華街駅
周辺
p68 〜 113
●山手公園

日本大通り駅
（県庁・大さん橋）周辺

Around Nihon-ōdōri（Kenchō-Ōsambashi）

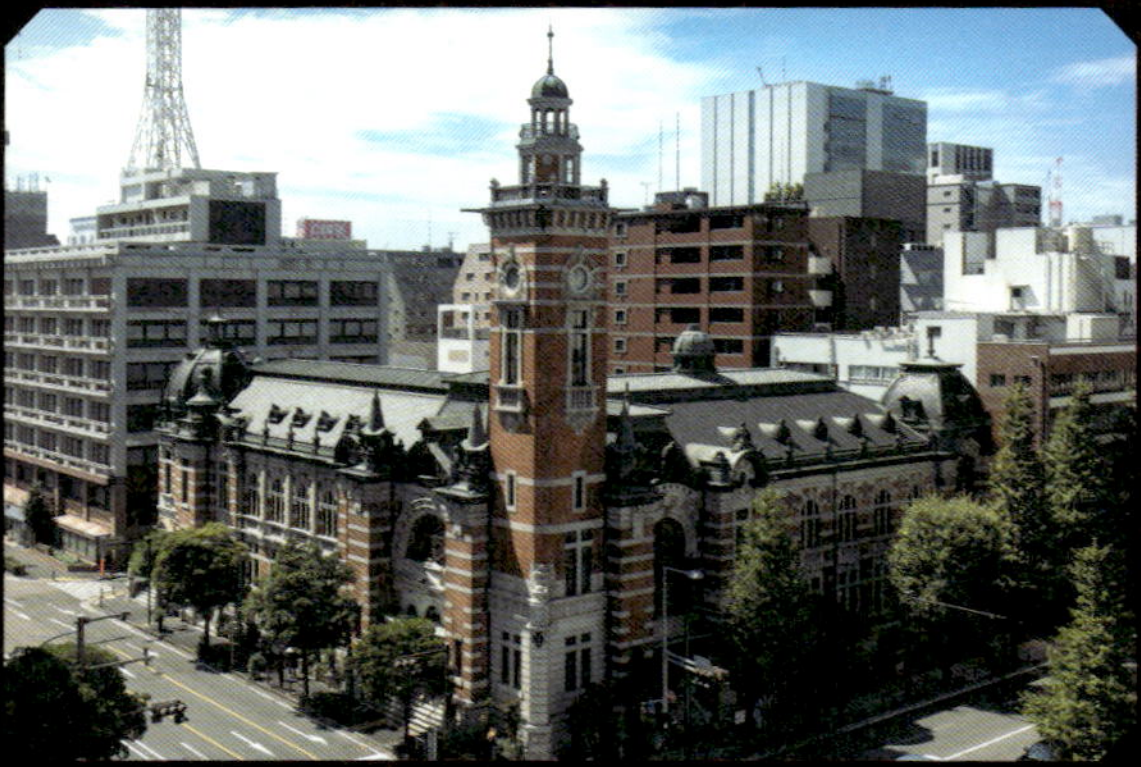

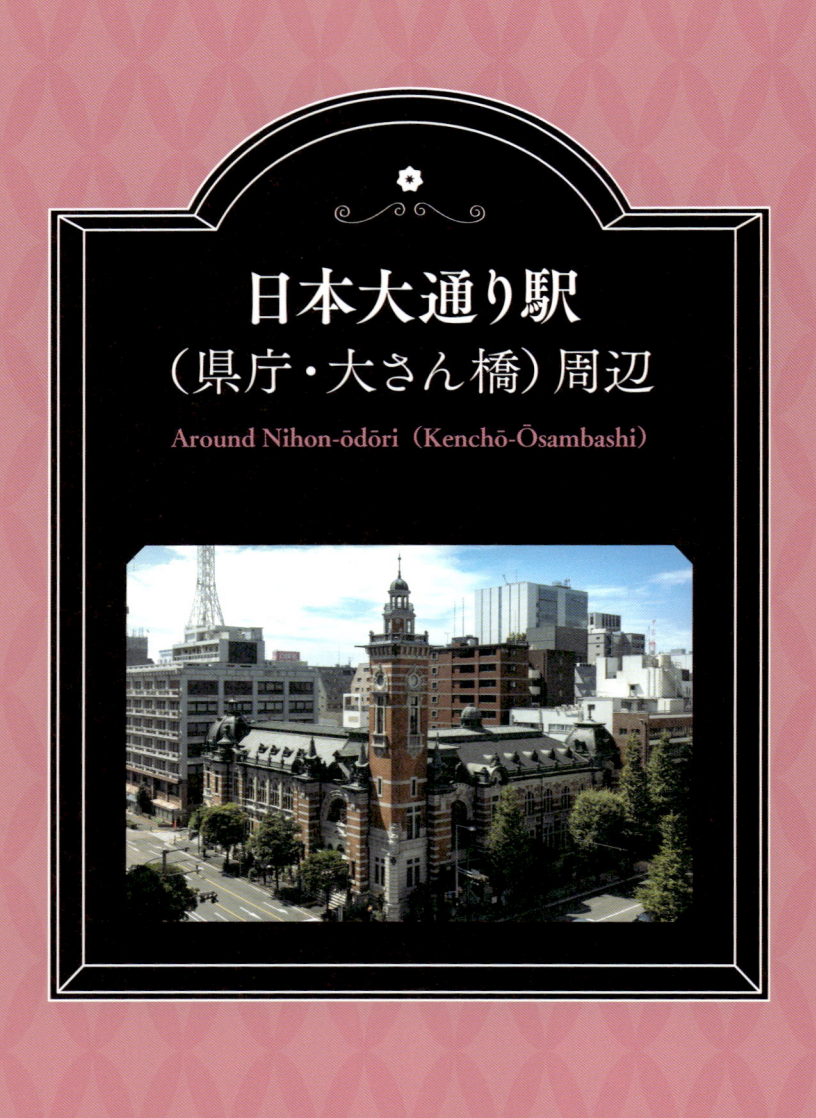

1
象の鼻パーク
3
6
2
8
9
15
日本大通り駅
4
12
10
13
7
11
14
5
横浜マリンタワー
中華街
横浜スタジアム
元町・中華街駅

1

横浜赤レンガ倉庫

当時の最新技術が見られる
歴史と景観を活かした街づくりのシンボル

近代遺産がひしめく横浜。その中にあって、海沿いの赤レンガ倉庫は大きな存在感を放つ。東洋初の接岸式埠頭が建設され始めた明治末期の横浜で、赤レンガ倉庫は保税倉庫として建設された。設計は、大蔵省臨時建築部を率いる妻木頼黄。2棟はいずれも、日本初の荷物用エレベーターや、レンガの中に鉄材を埋め込む耐震手法・定聯鉄構法などの最新技術が導入され、国の模範倉庫となっている。

2002年には文化・商業施設に生まれ変わり、歴史と景観を活かした街づくりのシンボルとなった。海を一望できる2号館のバルコニーや、ライトアップされた夜景などの人気も高い。訪れた際は、全て国産のレンガから世界に誇る倉庫を目指した当時の意気込みを感じてほしい。

当時の面影を残しつつ、商業施設としてグルメやショッピングが楽しめる。

室内各区画に設置された防火戸。火災発生時に閉めることで火事を防いだ。現在は消防用設備としては使用されていない。

（上）約400kgの防火戸をスムーズに動かすための吊戸車（つりどくるま）。
（下）日本最古の荷役用エレベーター。米国オーチス・エレベーター製。1台だけ1号館バルコニー側に展示・保管されている。

Data 2号館：1911年（明治44年）建築、
1号館：1913年（大正2年）建築　設計／妻木頼黄
Address 横浜市中区新港1-1
Tel 045-211-1515（ホール＆スペース）、
045-227-2002（商業施設）
Open 1号館：通常 10：00～19：00、
2号館：通常 11：00～20：00　無休

当時の最新鋭の技術の1つであった非常用水栓（スプリンクラー）。バルコニーにその一部が残されている。

エレベーター塔屋。当時、1号館に3基、2号館に2基設置されていた。

当時のまま保存されている階段室。完成当時、室内の区画ごとに階段室があり、中央のスロープで上階から荷物を下ろして鉄道貨車に積み込んでいた。

横浜港に陸揚げされた荷物は、関税手続きを経て、鉄道レールで運ばれていた。

2号館の2階にあるバルコニーからは、みなとみらいエリアや赤レンガパーク、海が一望できる。

2号館2階のバルコニー海側にある「幸せの鐘」。大好きな人と鳴らすと、幸せになるといわれている。夜になるとライトアップされ、さらにロマンチックなシチュエーションを堪能できる。

横浜赤レンガ倉庫のオススメ SHOP & RESTAURANT

【横浜オルゴール堂】

横浜オルゴール堂は、ガラスや木製・陶器製をはじめ、宝石箱タイプやぬいぐるみ、音色の良い高級オルゴールなど、大小さまざまな種類のオルゴールが取り揃えられているオルゴールの専門店。ノスタルジックな非日常空間のなかで、オルゴールの音色に癒されてみよう。

2号館2階
Open 11:00～20:00　Tel 045-263-9607

【空想街雑貨店】

「キノコの街」や「空飛ぶ魚の街」など空想の街をテーマに、ポーチやスマホケース、ハンカチなどの”大人も持ち歩けるファンタジー雑貨”が買えるお店。額入り絵画や小さい街が作れる手作りクラフトキット、塗り絵やパズルなど、ギフトにもおすすめ。

2号館2階
Open 11:00～20:00　Tel 050-3699-9701

【Re : Wharf（リ ワーフ）】

横浜を象徴するみなとみらいの景色と、地元横浜のこだわりの食材、横浜に所縁のあるミュージシャンが奏でる週末・祝日限定のJAZZ生演奏等が楽しめるカフェ・レストラン・バーの「Re:Wharf」。ディナーはメインであるステーキ、シーフードに加え、お酒との相性抜群の前菜、「UNI COFFEE ROASTERY」のパティシエが監修するスイーツもオススメ。

2号館3階
Open 11:00～23:00（L.O.22:00）
Tel 050-1720-0222

【Huffnagel（フフナーゲル）】

横浜でロングセラーの洋菓子を作り続ける（株）かをりから“時空を結ぶホテル”をコンセプトに誕生したパティスリーブランド「フフナーゲル」。オーツクッキーを採用した香ばしくリッチなバターサンドをはじめ、19世紀のホテルをオマージュしラウンジを備えた上質な空間で、単品からカスタマイズギフトセットまで特別な“選ぶ体験”を楽しめる。

2号館1階
Open 11:00～20:00　Tel 045-305-4441

2

神奈川県庁本庁舎

昭和初期の和洋融合を現代に伝える
横浜近代建築シーンの「王」

横浜近代建築群の王。それが、「キングの塔」の愛称で親しまれる神奈川県庁本庁舎だ。クイーンの塔（横浜税関本関庁舎・P18）、ジャックの塔（横浜市開港記念会館・P20）と共に、「横浜三塔」として長年親しまれている。

溝が刻まれたスクラッチタイルや、ライト様式の幾何学的な装飾模様は、建設された昭和初期という時代を今に伝える。アール・デコ風の矢印模様が印象的な正面玄関や、玄関ホールなど各所にあしらわれた「宝相華」のモチーフも、「王」の名にふさわしい風格を生み出している。

シャンデリアや家具に「宝相華」があしらわれた旧貴賓室は、室内を竣工当時とほぼ同じ状態で保存されている（現在は通常一般非公開のため見学不可）。

本庁舎の屋上に位置する展望台からは、横浜港やベイブリッジ、横浜赤レンガ倉庫などの横浜の景色を一望できる。

神奈川県庁本庁舎の玄関。

五重塔をモチーフにしたとされる塔。

(右) 壁や窓ガラスの造りなどレトロな雰囲気を感じさせる。
(左) 天井の装飾や大理石の壁と、イチョウの葉の模様が特徴の照明が重厚さを感じさせる。

Data 1928年 (昭和3年) 建築
設計／神奈川県内務部
(小尾嘉郎案を元に設計)
Address 横浜市中区日本大通1
Open 月曜日～金曜日
8:30～17:15 (見学可能時期)
定休日　祝日／休日／
12月29日～1月3日

幾何学的なアール・デコ装飾と
和風が調和した玄関ホール。

英語で書かれた神奈川県庁の表札。

門の反対側には日本語で書かれた表札がある。

中央階段の装飾灯には、宝相華（極楽に咲くという幻の花）のモチーフがある。

（右上）正庁正面壁にある宝相華のモチーフのタイル。
（右中）階段の手すりにも、宝相華のモチーフが使われている。
（右下）内部の壁はスクラッチタイルが貼られている。

3

横浜税関本関庁舎

イスラム寺院風の塔が特徴の優雅な佇まいの現役の税関

横浜税関本関庁舎は、「横浜三塔」のひとつとして歴史的にも重要な建造物でありながら、今なお現役の税関として使用されている。関東大震災後、当時の横浜で最も高い建物として建設された。イスラム寺院風の塔や連続アーチなどの優雅な佇まいから、「クイーンの塔」の愛称で親しまれている。

２００1年には横浜市認定歴史的建造物に認定され、２００3年には街路に面する三方を保存・活用する形で改修・増築が竣工。外観の改変を最小限に留めながら、無柱の執務空間を確保した。

1階には資料展示室「クイーンのひろば」もあり、横浜税関の歴史や役割などが展示されている。

海岸通り側のファサード。玄関ポーチは半円アーチで３つ並んでいる。

イスラム寺院風のエキゾチックな造りのドーム。

願いが叶う!?
三塔が一度に見えるビューポイント

横浜三塔を一度に見られる3つの場所（赤レンガパーク、日本大通り、大さん橋）を1日でめぐると、願いが叶うといわれている。カップルでめぐると、結ばれるという噂も。また、象の鼻パークにもビューポイントがあるので、ぜひ探してみよう。

赤レンガパーク

日本大通り

大さん橋

象の鼻パーク

玄関ポーチに掲げられている横浜税関の標識。

Data 1934年（昭和9年）建築
設計／大蔵省営繕管財局（吉武東里）
Address 横浜市中区海岸通1-1
Open 資料展示室「クイーンのひろば」
10:00～16:00
定休日　年末年始、施設点検日

4

横浜市開港記念会館

赤レンガ建築における様式意匠の到達点
横浜の力を示す「横濱三塔」のひとつ

横浜開港50周年を記念し、横浜市民の寄付金により開館した、横浜市開港記念会館。「ジャックの塔」の愛称で知られ、「横浜三塔」のひとつとして親しまれている。

横浜市役所が営繕の力量を示したその建物は、赤レンガに花崗岩をとりまぜた「辰野式フリークラシック」を採用。通りに面した3つの隅部は、それぞれ時計塔／角ドーム／八角ドームを持つ。中でも「ジャック」の愛称を生んだ東南隅の時計塔は、横浜市民の愛着も深い。ドームを架けた建築構成は、赤レンガ建築における様式意匠の到達点を示すとも。

外観・内部とともに、明治末期～大正時代の横浜が持っていた建築水準を体感してほしい。

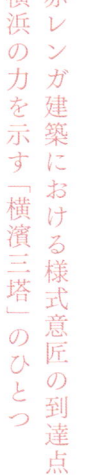

みなと大通りに面した、南側入口の玄関ホール。

1階玄関ロビー。イオニア式柱頭が特徴的。

ロビー階段。

メインホールの講堂。最大定員は481名。

Data 1917年（大正6年）建築
設計／福田重義、横浜市技師の山田七五郎／矢代貞助／佐藤四郎らがさらに洗練
Address 横浜市中区本町1-6
Tel 045-201-0708
Open 9:00～22:00
※館内の見学可能時間　10:00～16:00
定休日　第4月曜日（祝日／休日の時は翌日）、12月29日～1月3日

南側の階段室にある、開港当時の「ポーハタン号」が描かれたステンドグラス。関東大震災後に復元されている。

2階広間にあるステンドグラスは左から「呉越同舟」「鳳凰」「箱根超え」が描かれている。

2階ステンドグラス裏の資料室。

2階ロビー。

賓客を応接するために使われていた特別室（貴賓室）。

会議室は1階・2階に合わせて9部屋ある。1号室は6号室と並んで一番大きな会議室。

5 旧日本綿花横浜支店

横浜経済の活性化に今も貢献
希少な倉庫を構えた商社の戦前遺構

日本大通りの横浜公園前に立つ近代建築が、旧日本綿花横浜支店だ。日本綿花は大阪発祥の商社であり、大正7年に横浜・山下町に進出。関東大震災後、新事務所と共にこの倉庫を建設した。鉄筋コンクリート造の地上4階建で、ドライエリア付きの地下一階も備える。外壁はスクラッチタイル張りで、一部は石張り・テラコッタ張りとなっている。

戦後は、関東財務局事務所などを経て横浜市が取得し、後には市指定有形文化財にも指定。現在、事務所棟は創造界隈拠点「THE BAYS」が入り、倉庫棟は中区役所別館となっている。倉庫を構えた商社の戦前遺構としても希少価値は高い。かつてこの地区で活動していた商社の息吹が感じられる建物だ。

Data 1928年（昭和3年） 設計／渡辺節建築事務所
Address 神奈川県横浜市中区日本大通34 Open 店舗による

6 横浜海洋会館

スクラッチタイルが伝える昭和初期という時代

開港資料館前交差点の近く、横浜貿易会館と共にレトロな景観を構成しているのが、横浜海洋会館だ。元々は大倉商事の横浜出張所として、大倉土木の設計で１９２９年に建設された。

海洋会は、東京海洋大学と神戸大学の横断的な同窓会組織であり、１００年におよぶ歴史を持つ。第二次世界大戦時に横浜支部会館が焼失したため、同会は大倉商事ビルであったこの建物を購入。１９５９年に、横浜海洋会館として開館した。２０１０年に海洋会は横浜市との間で歴史的建造物の保全契約を締結。翌年には耐震補強工事と外観保全工事が完成している。

隣の横浜貿易会館もまた大倉土木によるものであり、昭和初期のスクラッチタイルの外壁が並ぶその様を兄弟ビルとして楽しみたい。

Data 1929年（昭和４年） 設計／大倉土木
Address 横浜市中区海岸通1-1

7 インペリアルビル

外国人専用アパートメントとして建てられたビル

水町通り沿い神奈川県民ホールの裏手に立つ白いビルが、インペリアルビルである。関東大震災後の1930年に竣工した鉄筋コンクリート造りの5階建てで、もともとは外国人専用アパートメントとして建てられた。第二次世界大戦後は、進駐軍に接収され、その時期に屋上に増築が行われている。

設計は、昭和ビルやジャパンエキスプレスビルの設計も手掛けた川崎鉄三によるもので、モダニズム建築の様式を残している。

2011年には横浜市認定歴史的建造物に選定されている。以前の客室は現在は事務所利用として貸し出され、オフィスビルとして使用されている。

Data 1930年（昭和5年） 設計／川崎鉄三
Address 横浜市中区山下町25-2

8 横浜貿易協会ビル

日米和親条約締結の地のすぐ前
明治以来の横浜の歴史が今も生きる

日米和親条約締結の地として有名な開港広場の前で、昭和初期に建設された横浜貿易協会ビル。近隣の近代建築と共にスクラッチタイルの建物群を構成しており、「ザ・横浜」とも言える景観を生み出している。

横浜貿易協会は、横浜を中心として日本の貿易振興に寄与する活動を明治以来続けてきた。現在も、貿易商社に加えて輸出入、生産加工、港湾運輸、保税倉庫、金融保険など多様な貿易関連業者で組織され、貿易振興を進めている。

ビル内では、1963年開業のデンマーク料理店の老舗「スカンディヤ」をはじめとして、カフェやレストランなども営業している。訪れた際は、料理などを楽しみながら明治以来の横浜が持つ歴史を感じてほしい。

Data 1929年（昭和4年） 設計／大倉土木
Address 横浜市中区海岸通1-1 Open 入居店舗による

9

旧英国総領事館（横浜開港資料館旧館）

英国総領事館が資料館に
開国直後の横浜を見届けた歴史的建造物

横浜開港資料館旧館は１９３１年に完成し、１９７２年まで英国総領事館として利用されていた。英国工務省によるジョージアン様式の建造物で、外観は緑と白の対比が美しい。室内には上品な装飾が施され、当時の雰囲気を伝えている。現在は休憩室として使われている瀟洒な記念ホールは、領事館時代は客人の待合室だった。

黒船の浮かぶ海を背景に、米国海軍や侍たちを描いた『ペリー提督・将兵の横浜上陸図』という絵画がある。画面右手にある大きな木は、日本の夜明けを静かに見守っているかのようだ。

この巨木は「たまくすの木」という。何度も火災で焼失したものの、そのたびに芽ぶいて、現在も子孫が葉を茂らせている。

中庭にある、たまくすの木。

（左）「日米和親条約締結の地」の碑が建っている。
（右）中庭にある獅子頭共用栓とブラフ溝。

現在は来館者の休憩室として使われている、1階中央の記念ホール。

Data 1931（昭和6）年
設計者／英国工務省
Address 横浜市中区日本大通3
Open 9：30～17：00
（入館は16：30まで）
定休日　月曜日（月曜日が祝日の場合は翌日）／年末年始ほか

10

横浜都市発展記念館（旧横浜市外電話局）

昭和戦前期の横浜をたどる歴史的展示と貴重な建築遺産

　昭和戦前期である１９２９年に、横浜中央電話局の局舎として建設されたのが、横浜都市発展記念館だ。戦後は横浜市外電話局として長年利用されていたが、ＮＴＴの移転を機に、横浜市の施設として保存されることとなった。平成１２年には「旧横浜市外電話局」として横浜市認定歴史的建造物に指定されている。

　横浜都市発展記念館では昭和戦前期を中心に、横浜の都市形成や市民の生活、ヨコハマ文化の３つの側面から横浜の発展をたどることができる。近代建築や明治期の下水道マンホール、ガス灯など、貴重な資料を通じて横浜の歴史に触れることができるだろう。関東大震災や横浜大空襲を乗り越え、現在の都市へと成長した足跡を、ぜひご覧いただきたい。

卵形下水管。かつての外国人居留地で、明治10年代半ばに設置されたもの。

横浜市瓦斯局のガスタンク基礎。横浜瓦斯（ガス）会社が製造したガスを蓄えておくためのタンク。

国内最古のガス管。製造されたガスが、地中に埋められた鋳鉄管を通って街中のガス灯に送られていた。

館内の様子。

Data 1929（昭和4）年　建設年／2003年（平成15年）　Address 横浜市中区日本大通り12
Tel 045-663-2424　Open 午前9時半～午後5時　（券売は午後4時半まで）

11

旧横浜居留地48番館

横浜最古の洋風建築の遺構
居留地の記憶を伝える「48」の文字

旧横浜居留地48番館は、現存する横浜最古の洋風建築で、ＫＡＡＴ神奈川芸術劇場の角に佇んでいる。１８８３年（明治16年）から英モリソン商会によって使用され、フランス積み煉瓦造りという全国的に見ても珍しい工法が採用されており、建築史的にも価値は高い。設計者は不明だが、フランス人建築家の関与が想定されている。当時はまだ居留地制が敷かれており、横浜居留地建築としても唯一の遺構となる。

関東大震災で、当初2階建てであったものが平屋となり、また、平面規模も約6割に縮小されている。１９７８年には神奈川県が所有し、２００１年には同県指定重要文化財になっている。現在も入口上部には「48」と刻まれたキーストーンが残り、居留地の記憶を伝えている。

内部には小屋組トラス（屋根を支える骨組み）が展示されている。関東大震災後の改修時のもので、平成13年の保存工事まで利用されていた。

2010年（平成22年）の改修時に、切妻形の金属屋根をガラスに置き換えて採光を良くしている。

北側の入口のアーチ上部に「48／四十八号」と刻まれたキーストーンが置かれている。

Data 1883年（明治16年） Address 横浜市中区山下町281

12

CAFE de la PRESSE（カフェ ドゥ ラ プレス）

歴史的建造物の中でまるでパリに訪れたような気分を味わえるカフェ

歴史的建造物が並ぶ横浜・日本大通にあって、震災復興建築の代表的存在である横浜情報文化センター。

元々は横浜商工奨励館として、横浜市が昭和初期に自ら建設し、旧館部分は4階建ての1階部分は石張り、2階から上は擬石仕上げを採用。クラシックなスタイルとアールデコの影響が見られる建物だ。

その2階にあるのがミュージアムカフェ「CAFE de la PRESSE（カフェ ドゥ ラ プレス）」。横浜の歴史的な空間の中にいながら、フランスのカフェ文化に触れることができる。手作りの本格フランス菓子やビストロ料理も楽しむことができる。1階にはミュージックレストラン「アルテリーベ」も併設されている。

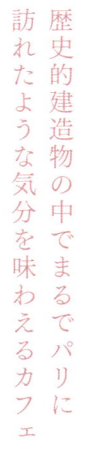

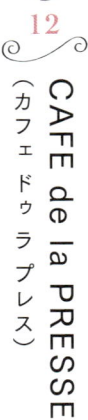

ダンディーなエスプレッソマティーニ(¥1,200)。エスプレッソとウォッカを使用したカクテルドリンク。

横浜情報文化センターは1999年に横浜市認定歴史的建造物に認定され、2000年には12階建ての新館が増築されている。

シュークリーム(¥360)。サクサクなシュー生地に生クリームとカスタードの両方を味わえる人気の一品。

天井が高く開放的な店内。窓からは歴史的街並と銀杏並木を眺めることができる。

ザッハトルテ(¥560)。ウィーン伝統菓子のザッハトルテ。アプリコットジャムに生クリームを添えて。

ブリュレカプチーノ(¥1,000)。エスプレッソにスチームしたミルクを入れ、表面をキャラメリゼした一品。

Data 2000年(平成12年)開業　Address 横浜市中区日本大通11 情報文化センター2F
Tel 045-222-3348　Open 10:00-20:00 (L.O. 19:30)、Lunch: 11:30-14:00　定休日:月・火曜日

13

横浜かをり 山下町本店

日本におけるホテル発祥の地
洋食・洋菓子から開国当時に想いを馳せる

フレンチレストランの老舗にして洋菓子も広く愛されている、横浜「かをり」。その「かをり」の山下町本店は、実は日本におけるホテル発祥の地という歴史を持つ。

幕末、幕府は横浜・山下町を外国人居留地とした。横浜居留地70番地となったこの地で、オランダ人船長フフナゲールは１８６０年、外国人向けホテル「横浜ホテル」を創業。こうした歴史にちなみ、「かをり」山下町本店には「日本でのホテル発祥の地」「洋食・洋菓子発祥の地」に関する記念碑が設置されている。

現在は、レストランは営業を休止しており、1階のカフェも新型コロナの影響で休止している。1階のショップにて、洋菓子の販売のみ行っている。

現在は1階のショップにて洋菓子の販売を行っている。

カフェは現在休止中だが、休止前のままにされている。

ツタが絡まった本社ビルが目印。

屋号の由来となった本居宣長の歌に詠まれている、日本の国花である桜をイメージして創った「桜ゼリー」。八重桜をみつ漬けにしたものをゼリーでくるみ、爽やかな味わいが特徴。

横浜で開催された横浜博覧会を記念して製造された「かをりサブレ」。かをりロゴ型、舵輪型と船型の3種類あり、形だけでなく、それぞれ成分も味も異なり、3つの味が楽しめる。

光り輝く宝石をモチーフにした天然素材を使った「ヴィーナスの誕生 宝石ゼリー」。現社長の板倉敬子さんが、熊野那智大社にお参りに行ったとき、那智の滝の上に虹が掛かるのを見て、ひらめいて作られた。ゆず、ピーチ、ブルーキュラソー、オレンジ、ペパーミント、アップル、グレープの7種類の味わいが楽しめる。

Data 1947年（昭和22年）創業　Address 横浜市中区山下町70　Tel 045-681-4401
Open 平日10：00～19：00、土曜11：00～19：00　日・祝11：00～18：00　定休日 なし

14

コーヒーの大学院 ルミエール・ド・パリ

レトロで異国情緒あふれる店内で最高峰のコーヒーをゆっくりと味わえる

横浜スタジアムのほど近く、みなと大通り沿いに、ひときわ目を引く老舗の喫茶店がある。

１９７４年にオープンし、創業50年を迎えるこのルミエール・ド・パリは、最高学府である「大学院」を名前に冠し「香り高い一杯のコーヒーを吟味してお出しする」という理念を由来としている。

コーヒー豆を通常の店の倍の分量の20ｇを使い、濃厚で深みのある味にサイフォンで心をこめて入れている。

また、シャンデリアや赤い絨毯、いくつも飾られた絵画など、レトロで異国情緒漂う店内の雰囲気も人気の理由のひとつだ。

古き良き喫茶店で、ゆっくりとコーヒーを味わう贅沢な時間はここでしか体験できない。

店内は赤い絨毯が敷き詰められ、壁にはさまざまな絵画が架けられている。

お店の奥には「オーキット特別室」と呼ばれる部屋がある。シャンデリアとステンドグラスのきらびやかな空間だ。

特別室にはモザイク画のある壁が2箇所ある。

(左上) 中央には大理石のテーブルがあり、奥には王冠をモチーフにしたステンドグラスに王冠のモチーフをあしらったイスがある。
(左下) 店内入って右側の席もシャンデリアやアンティークに囲まれている。

ケーキセット (コーヒー又は紅茶付き ¥1,050)

Data 1974年 (昭和49年) 創業
Address 横浜市中区相生町1-18
Tel 045-641-7750
Open [月～金] 10:00～18:00 (L.O 17:00)、[土] 10:30～18:00 (L.O 17:00)、[祝日] 10:30～18:00 (L.O 17:00)　定休日　日曜日

15

イタリアンダイニング カリーナ

歴史的なビルの地下にある レトロなイタリア料理店

イタリアンダイニング カリーナは、横浜市認定歴史的建造物に1993年に認定された綜通横浜ビル（旧名称本町旭ビル）の地下1階にあるレストランだ。綜通横浜ビルは、1930年（昭和5年）江商（現 兼松）横浜支店として建設された。

後に5階部分が増築されたが、1995年に4階までのファサードを残し、その背後に地上10階・地下2階のビルが建てられた。この歴史あるビルの地下に広がるイタリアンダイニング カリーナは、昭和初期のステンドグラスがレトロな雰囲気を感じさせる。

神奈川県産を中心とした安心・安全な食材を使った料理を楽しむことができる。

（右）アンティーク調の家具と本場イタリアを思わせるエントランス。
（下）広々とした店内には、イタリアの風景写真やアンティークが置かれている。

ステンドグラスがレトロな雰囲気を感じさせる。

（右上）人気のピッツアは、店内の釜で焼き上げている。
（右下）神奈川県産野菜と三崎港直送の鮮魚カルパッチョ。

Data 1930年（昭和5年）建築　設計者／不詳
Address 横浜市中区本町1-3 綜通横浜ビルB1
Tel 045-650-3372
Open 平日ランチタイム 11:30～14:30
（ラストオーダー 14:00）
平日ディナータイム（完全予約制：8名様以上でのご予約で営業いたします） 17:00～22:00（ラストオーダー 21:00）

Column
1

日本大通り駅
周辺の史跡めぐり

開通合名会社(日本人商社)の煉瓦遺構

みなと大通り沿いに建つこの遺構は、明治時代に建てられたと推定される開通合名会社の社屋の一部だと考えられている。関東大震災で大部分は倒壊したが、一部が震災後の復興建築の内部に奇跡的に残されていた。

神奈川台場の石

神奈川台場は勝海舟が設計し、1860 年（万延元年）に湾岸警備のための砲台として築造された。2011 年 7 月の発掘調査の際に出土した石が、横浜都市発展記念館の敷地内に展示されている。

神奈川県電気発祥の地の碑

1890年（明治 23 年）に横浜共同電灯という会社が、この地で石炭火力発電で送電を開始したことを伝える碑。エジソン式直流発電機のレリーフが埋め込まれている。常盤町通りとベイスターズ通りの角に建っている。

大さん橋

横浜開港以来、130 年以上の歴史を誇る大さん橋は、「海の玄関口」として横浜港を象徴する存在だ。現在は世界各国のクルーズ船が寄港する、国内有数の客船ターミナルで、屋上は芝生とウッドデッキが広がる観光スポットにもなっている。

電話交換創始之地の碑

1890年（明治23年）に横浜に電話交換局が設置され、東京と横浜間で電話交換が開始されたことを示す碑。東京丸の内にも同じ形式の碑がある。横浜の碑は、大桟橋通りと本町通りの交差点の角に建つビルにある。

日米和親条約調印の地の碑

1854年（安政元年）2月から3月にかけて、日米代表が横浜村の海岸で会見し、和親条約を結んだことを示す碑。この条約は神奈川条約ともいわれ、日本の開国を促すことになった。この碑は現在、開港資料館前の開港広場に建っている。

旧居留地消防隊 地下貯水槽遺構

1871年（明治4年）から1899年（明治32年）まで、ここを本拠地とした遺留地消防隊の防火貯水槽として建造された地下貯水槽の遺構。役割を終えた現在も常時貯水されている。横浜都市発展記念館の駐車場に隣接した地にある。

消防救急発祥の地

旧居留地消防隊 地下貯水槽遺構の近くに建てられている碑。この地には消防署が置かれ、日本初の消防車、救急車が配置されるなど、日本における近代消防ゆかりの地ともいえる。

馬車道駅
（横浜市役所）周辺

Around Bashamichi（Yokohama-Shiyakusho）

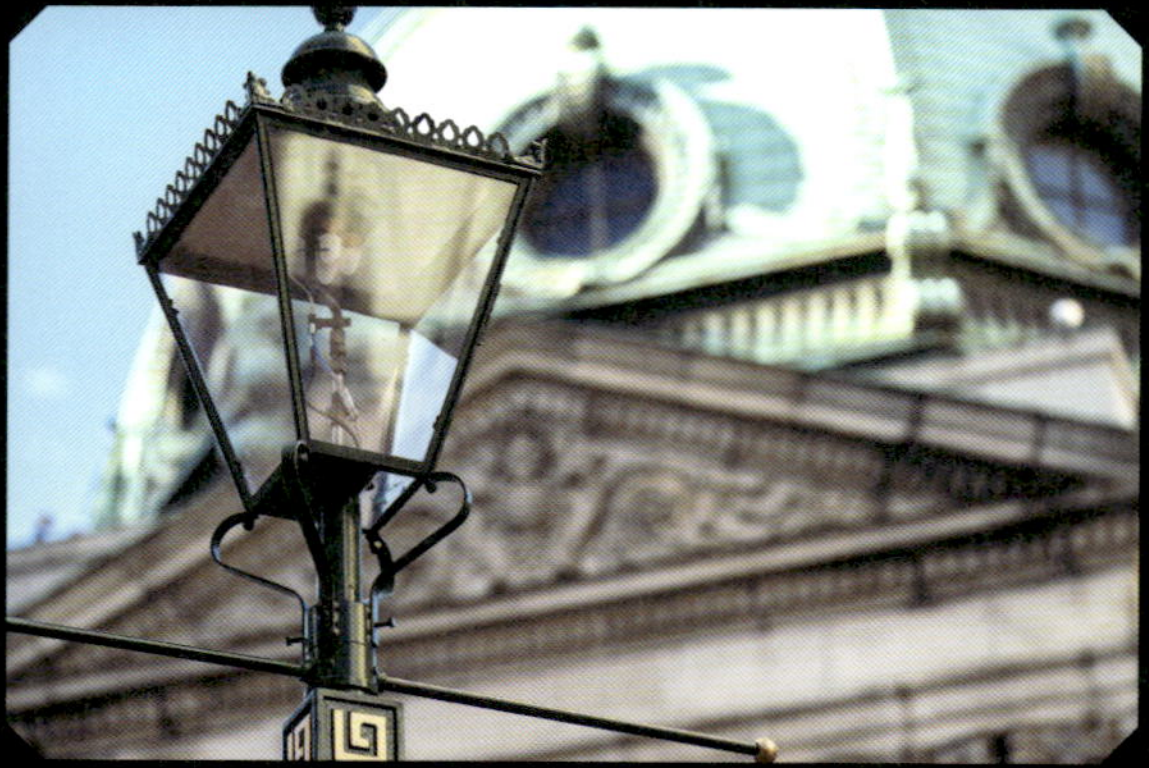

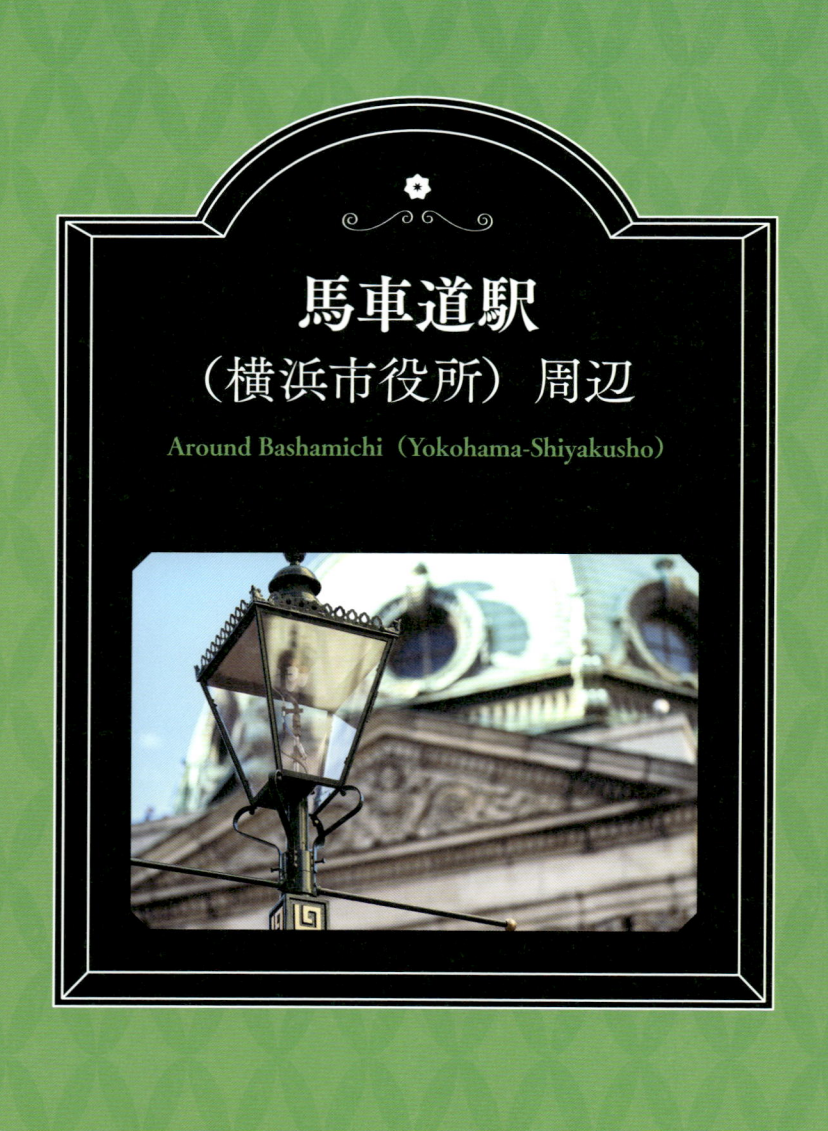

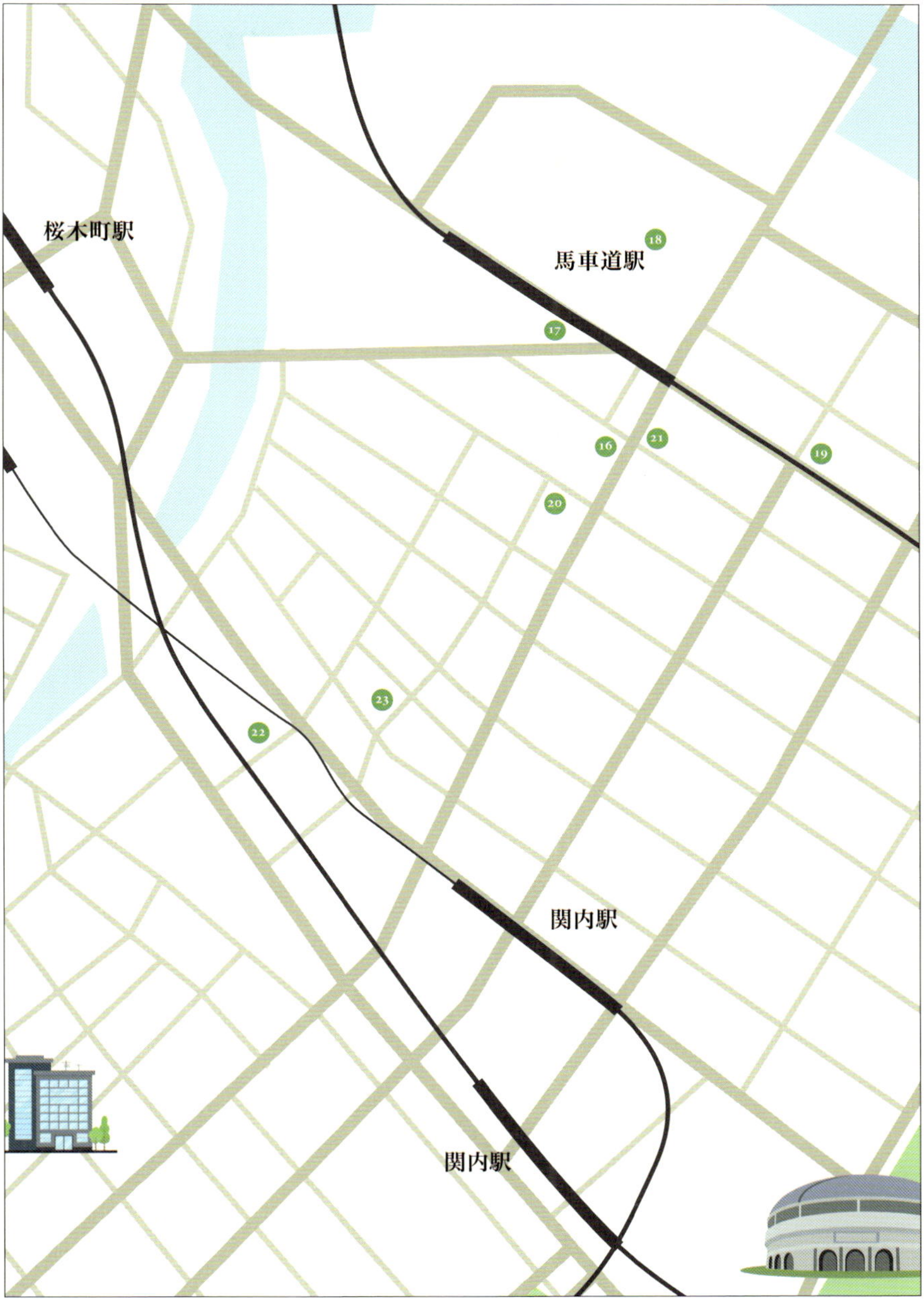

桜木町駅
18
馬車道駅
17
21
16
19
20
23
22
関内駅
関内駅

16

神奈川県立歴史博物館
（旧横浜正金銀行本店本館）

神奈川県の文化と歴史を刻む荘厳なレンガ造りの博物館

馬車道駅から徒歩1分の距離にある荘厳なレンガ造りの博物館。旧横浜正金銀行本店として１９０４年（明治37年）に建設され、ネオ・バロック様式の外観に、淡いグリーンの巨大なドームやコリント式の石造彫刻が目を引く。設計を手掛けたのは、明治建築界の巨匠として知られる妻木頼黄。地上3階、地下1階建ての建物は、関東大震災によって損傷を受けたが、その後復元され、１９６７年（昭和42年）に神奈川県立博物館として開館した。

現在は「かながわの文化と歴史」をテーマに、多くの展示や活動が行われている。国指定重要文化財でもあるこの建物は、歴史的価値だけでなく、訪れる人々に深い文化的体験を提供してくれている。

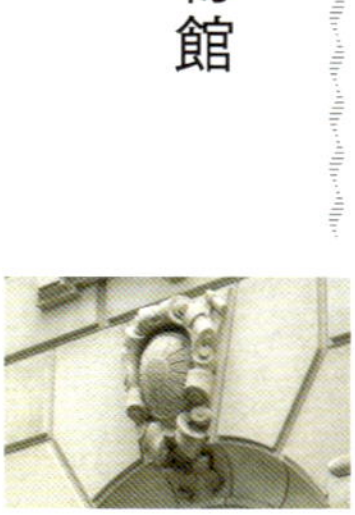

創建当初のドームは関東大震災で焼失。現在のドームは県立博物館開館に合わせ復元されたもの。ドームの上には高さ9.2mの尖塔飾りがある。

ドームには、ドルフィン（イルカをモチーフにした想像上の生き物）の装飾が施されている。

地下部分と歩道との境界に設けられた石壁は「ルスティカ積み」と呼ばれる積み方がされている。

Data 1904年（明治37年）建築　設計／妻木頼黄
Address 横浜市中区南仲通5-60　**Tel** 045-201-0926
Open 通常：午前 9時30分～午後5時／
入館は午後4時30分まで
定休日：月曜日（「国民の祝日・休日」の場合は開館）

※設備工事のため2025年1月から2026年9月まで休館。

大オーダー（複数の階を貫く柱）の柱頭にはコリント式の飾りがあしらわれている。

正面玄関上を含む建物の四辺の上部には「三角ペディメント（三角破風）が置かれている。

馬車道玄関上の2階の窓にはイオニア式の柱頭飾りを持つ角柱4本と「櫛形ペディメント」の飾りが施されている。

横浜正金銀行に関する展示。

階段室（※現在は通常非公開）。

常設展の【テーマ4】近代「横浜開港と近代化」の様子。

常設展の【テーマ2】中世「都市鎌倉と中世びと」の様子。

地下にある旧保護預品庫の扉（※現在は通常非公開）。

横浜正金銀行時代の様子

横浜正金銀行時代の正面２階中央客室。

横浜正金銀行時代の第１営業室の様子。

横浜正金銀行時代の会議室。2～300人を収容し、株主総会や式場などに使用された。

俯瞰して見た第１営業室。

（上）創建当初の横浜正金銀行本店外観。
（左上）震災後の様子。
（左下）震災復旧後の様子。

17

旧第一銀行横浜支店

近代ビルと古典様式の融合
旧第一銀行支店の歴史と再生の物語

　本町通りとみなとみらい通りの合流地点、Ｙ字路に建つ、古典主義様式の銀行建築で、設計を手掛けたのは、銀行建築のスペシャリストであり、第一銀行建築課長を務めた西村好時。

　昭和４年に第一銀行横浜支店として建設され、昭和55年以降は横浜銀行本店別館として使用されていた。その後、本店がみなとみらい地区に新築されることになり、別館である現建物は先端バルコニー部分を残して取り壊される。平成15年の再開発では、道路の拡張工事により数十メートル移動させる形ではあったが、先端バルコニー部分を曳家し、横浜アイランドタワーに接続する形で保存が実現した。その後、横浜市が取得し、現在は休館中だが、令和７年度には新たな創造界隈拠点として、再オープン予定。

1階は広々とした空間に、ドリス式の円柱が並んでいる。

天井は、四角形と八角形を組み合わせた形が特徴的。

窓が高く明るい室内。壁は白く、腰壁はクリーム色である。

半円形のバルコニーと、4本の円柱はトスカナ形式である。

Data 1929年（昭和4年）建設、2003年（平成15年）復元設計／西村好時・清水組設計部
Address 横浜市中区本町6-50-1

18

横浜第2合同庁舎（旧生糸検査所）

横浜で盛んだった生糸貿易の歴史を今に伝えるファサード

１９２６年（大正15年）、横浜港における輸出品の第一位が生糸貿易だった時代、粗悪品の乱造を食い止めるべく建てられたのが、生糸検査所だ。横浜第２合同庁舎は、その二代目にあたり、現在の北仲通北地区の万国橋通りに建てられた。設計は、日本の鉄筋コンクリート建築の先駆者である、横浜出身の遠藤於菟だ。

関東大震災後に再建され、当時としては横浜最大規模の建築群の一部を成した。「キーケン」として親しまれてきた旧生糸検査所は、１９９０年に解体されたが、横浜第２合同庁舎の新庁舎建設に伴い、低層部分に旧庁舎のファサードが復元。紅色の柱に横長の外観が見るものを圧倒する。平成２年には、横浜市認定歴史的建造物に指定された。

Data 1993年（平成5年）建築（旧建物は大正15（1926））　設計／遠藤於菟
Address 横浜市中区北仲通5-57

19 横浜銀行協会（旧横濱銀行集会所）

すっきりとした直線美が美しい
昭和モダンな銀行員の親睦施設

横浜銀行協会の建物は、横浜市内の店舗に勤める銀行員の、親睦と保養を目的として、昭和11年に建設された。この建物の設計は、国会議事堂の建設を担当した建築家、大熊喜邦とその娘婿である林豪蔵だ。

アール・デコ風のすっきりとしたモダンな仕上がりながら、部分的に古典様式の影響を残している。近づいてみれば、美しいテラコッタの装飾を見ることができるだろう。戦後には4階部分が増築された。

今では数も少なくなったが、歴史ある銀行店舗が残っている本町通りに建てられ、館内には食堂や談話室や囲碁将棋室などが入っている。

Data 1936年（昭和11年）建築　設計／大熊喜邦・林豪蔵
Address 神奈川県横浜市中区本町3-28

20 損保ジャパン横浜馬車道ビル（旧川崎銀行横浜支店）

歴史的ファサードを残し再生されたガラスと石張りの近代ビル

旧川崎銀行 横浜支店（現 損保ジャパン馬車道ビル）は、１９２２年（大正11年）に矢部又吉によって設計された歴史的な建造物だ。矢部はドイツで建築を学び、旧横浜正金銀行本店（現在の神奈川県立歴史博物館）を設計した、妻木頼黄の弟子である人物。

実は、１９８６年に取り壊される予定だったが、正面ファサードのイメージを復元することになり、１９８８年に高層階はガラス張り、低層階はクラシカルな石張りで再生された。このビルは、横浜市の歴史的建造物認定第1号として登録され、土地の有効活用と歴史的建造物の保存を達成した先駆的な作品である。現在でもこのような手法により、日本の近代建築を現代に残す例も少なくない。

Data 1922年（大正11年）建築
Address 横浜市中区弁天通5-70

21 馬車道大津ビル（旧東京海上火災保険ビル）

アール・デコ様式が光る重厚感ある歴史的オフィスビル

神奈川県立歴史博物館の正面近くに位置する馬車道大津ビルは、１９３６年（昭和11年）に東京海上火災保険ビルとして建てられた。設計者の木下益次郎は、アメリカ訪問中に幾何学模様が特徴のアール・デコ様式に強く影響を受け、この建物にもそのスタイルを反映している。外観はシンプルだが、タイルの多彩な張り方や壁面頂部の装飾にアール・デコの特徴を見ることができるだろう。

地上４階建ての地下には、「馬車道大津ギャラリー」が設けられ、絵画展やコンサート、お茶会など多彩なイベントを楽しめるようになっている。今も現役のオフィスビルとして使用されているが、２０００年には横浜市歴史的建造物に認定された。

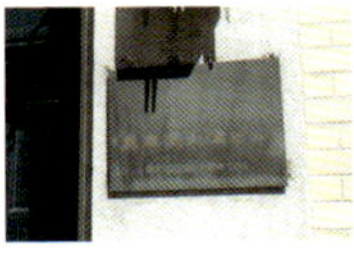

Data 1936年（昭和11年）　設計／木下益次郎
Address 横浜市中区南仲通4-43

22

横浜指路教会

苦難を乗り越え、歴史と信仰を現代につなぐ

横浜指路教会は、1859年にアメリカ長老教会から派遣された宣教医J・C・ヘボンが、キリスト教を布教するために来日したことに端を発する。1874年、彼の尽力により、ヘンリー・ルーミスを初代牧師として横浜に教会が設立された。教会は当初横浜居住地39番にあったが、数度の移転を経て、再び現在地に戻っている。

「指路教会」とは、ヘボンの母教会「Shiloh Church」に由来する。「シロ」は旧約聖書において「平和を来らす者」メシアを示す言葉だ。関東大震災によって倒壊し、横浜大空襲では内部を全焼したが、いずれも再建されている。現在の教会堂は一切の装飾を排した厳かな空間が特徴的だ。

（上）礼拝堂。正面は尖塔アーチの造り。反対側の2階には、2000年に創立125周年を記念してスイス製パイプオルガンが設置された。

（中左）礼拝堂の説教講壇。

（中右）礼拝開始の鐘。

（下左）バラ窓の周囲の造りは、礼拝堂と同じ尖塔アーチになっている。

（下右）教会奥にある階段。

Data 1926年（大正15年）建築
Address 横浜市中区尾上町6-85
Tel 045-681-3804

23

馬車道十番館

明治の西洋館を再現した馬車道の風情漂う名所

西洋菓子の売店や喫茶店、レストランなど、バラエティに富んだ利用ができる馬車道十番館は、明治の西洋館を再現した建物だ。ステンドグラスや煉瓦の壁、ガス灯など、クラシカルで堂々とした雰囲気ながら、親しみやすい明るさが魅力。

　また、ガス事業の創始者・高島嘉右衛門の旧跡でもある。

　内部には文明開化期の資料も保存されており、来館者は古き良き時代を感じながら食事を楽しむことができるだろう。宴会やウエディングの披露宴会場としても人気が高い。

1階喫茶室

大時計

十番館プディング ロワイヤル(¥1,210) 十番館自慢のハイカラなデザート。馬車道十番館の外観や赤レンガをイメージしている。

十番館パフェ(¥990)。シャーベットやバニラアイス、一口サイズのプリン、フルーツをぜいたくに使用している。

ビスカウト(9枚入り ¥2,042)

Data 1970年(昭和45年)
Address 横浜市中区常盤町5-67
Tel 045-651-2621
Open
1階 西洋菓子売店・喫茶室 10:00～22:00 (LO21:30)
2階 英国風酒場 [金土月] 16:00～23:00 (LO22:30)
[日] 16:00～22:00 (LO21:30)
3階 レストラン 平日ランチ 11:30～15:00 (LO14:00)
平日ディナー 17:00～21:00 (LO20:00)
土日祝ランチ・ディナー 11:00～21:00 (LO20:00)
土日祝ランチ2部制

1階売店

2階英国風酒場

3階レストラン

3階個室ポート

4階大宴会場

5階小宴会場

開港ディナー（¥8,228）

エントランスにある公衆電話ボックスが時代を感じさせる。

夜間はライトアップされている。

Column
2

馬車道駅周辺の史跡めぐり

鉄《かね》の橋

1869 年（明治 2 年）、英国人木技師 R.H. ブラントンにより、鉄製の橋に架け替えられた吉田橋は、橋長 24m、幅員 6m の日本最初のトラス鉄橋であり、「鉄の橋」として市民に親しまれた。現在の高欄は「鉄の橋」をイメージして復元したもの。

牛馬飲水槽

1917 年（大正 6 年）に、当時の陸上交通の主力であった牛馬の給水のために設置されたもの。現在は、馬車道の神奈川県立歴史博物館前にこの水槽のレプリカが置かれている。

吉田橋関門跡

横浜開港後、徳川幕府が開港場の施設の充実のために木橋を架けた。その後、本橋が埋立地である吉田新田から架橋されたことにより「吉田橋」と呼ばれるようになった。吉田橋には関門が設けられ、関門の内側の馬車道側を「関内」、外側を「関外」と呼んでいた。

旧居留地90番地の大砲

山下町 90 番地（旧外国人居留地 90 番地）で発見された 19 世紀頃の大砲。発見場所にちなみ、この名が付いている。現在は発見場所近くの 3 ヶ所に 1 門ずつ据えられており、写真の大砲は横浜開港資料館近くにて保存されている。

日本で最初のガス灯

1872年（明治5年）に、高島嘉右衛門の「日本ガス社中」により、ガス灯が馬車道・本町通り等に設置・点灯された。これが日本における最初のガス灯となった。現在見られるガス灯は、1986年（昭和61年）に横浜市市民文化会館「関内ホール」の新築完成を祝って復元設置されたもの。

ハマの街灯点火の地

1890年（明治23年）に、横浜共同電灯株式会社が中区常盤町に火力発電所を建設。同年10月1日に横浜市内の約700の電灯と街灯が一斉に点灯された。それを記念して建てられた碑で、関内本店勝烈庵前に建っている。

日刊新聞発祥の地

1870年（明治3年）に発刊された「横浜毎日新聞」が、日本語による日本ではじめての日刊新聞で、その記念碑が現在の横浜市庁舎敷地内に建てられている。1870年（明治3年）12月8日発行の創刊第1号のレリーフが埋め込まれている。

シェフィールドパークのガス灯

馬車道通りから、山下公園通りまで、149基のガス灯が設置されている。その中で、イギリスからやってきたガス灯も4基あり、写真のシェフィールドパークのガス灯の他に、トラファルガー広場のガス灯、英国国会議事堂のガス灯、ビクトリア・タワーのガス灯がある。

元町・中華街駅
（山下公園）周辺

Around Motomachi-Chūkagai（Yamashita-Kōen）

日本大通り駅
25
24
横浜マリンタワー
中華街
元町・中華街駅
ローズガーデン
31
33
32
36
石川町駅
35
29
28
30
37
27
26
34
山手公園

24

ホテルニューグランド

震災復興後「ヨコハマのシンボル」として開業当時の面影を残す建造物

ホテルニューグランドは、１９２７年に「ヨコハマのシンボル」として開業した。関東大震災で瓦礫の街となった横浜に、新ホテル建設の声が挙がり、市民の復興の期待を受けてオープンした。

古く重厚な佇まいの建造物は、銀座和光などを設計した渡辺仁によるもの。クラシックホテルの代表例で、マッカーサー元帥やチャーリー・チャップリン、ベーブ・ルースをはじめ、多くの著名人に愛された。

１９９２年には横浜市認定歴史的建造物となり、また２００７年には、経済産業省が選んだ近代化産業遺産の認定を受け、横浜・山下公園前のランドマークとして親しまれ続けている。

ホテルニューグランドのシンボル的存在である、本館の大階段。

315号室のマッカーサーズスイート。マッカーサー元帥が滞在した部屋に泊まることができる。

開業時はメインダイニングとして使用されていたフェニックスルーム。現在は宴会場として使用されている。

Data 1927年　設計／渡辺仁
Address 神奈川県横浜市中区山下町10番地
Tel 045-681-1841
Open 年中無休

本館2階の宴会場の1つであるレインボーボールルーム。開業当初は舞踏会場で、社交の場として親しまれた。

（上）本館2階ザ・ロビーは、高い天井や趣のある設えで、宿泊客を迎える。
（下）本館ロビーの窓際の様子。

中庭は中央に噴水を配した、ヨーロッパ調の緑豊かな庭園。イタリアンレストランが隣接している。

本館ネオンは東京五輪に合わせて1964年に設置。1973年のオイルショックを受けて点灯中止していたが、2014年に40年ぶりに復活した。

外国人客にサービスする女性従業員。

キングスチェアに棲んでいる天使

本館2階ザ・ロビーのイスは開業当時からあるアンティークで、“キングスチェア”と呼ばれている。その肘掛けには天使の彫刻が施されている。宿泊した際には当時に思いを馳せながらぜひ座ってみたい。

建築中の様子。

開業当日の本館正面玄関前の様子。

25

戸田平和記念館
（旧英国七番館）

唯一残る、関東大震災前の外国商館 イギリス積みの赤レンガが往時を伝える

山下公園に面して建つ戸田平和記念館は、関東大震災前から現存する外国商館としては唯一の建築物である。元々は、イギリス商社であるバターフィールド＆スワイヤ商会が、横浜支店として居留地７番地に建設。その場所から「英国七番館」と名付けられた。

かつては「赤煉瓦の商館」と呼ばれ、外壁は赤レンガと石で巧みに構成され、角柱や張出窓もアクセントとして光る。

１９７９年には、創価学会が第二代会長・戸田城聖氏による平和思想を広く伝えるべく、戸田平和記念館として開館。２００１年には、横浜市認定歴史的建造物に認定され、往時の歴史を伝えている。

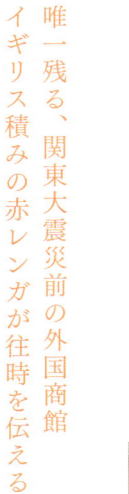

25 *Toda Peace Memorial Hall (Former English House No.7)*

館内の一部で、当時の煉瓦壁遺構「イギリス積み」を見ることができる。

(上) 夜間はライトアップされる。
(右上) 館内の窓ガラスの多くに、当時の手作りガラス特有の歪みがあり、窓越しの景色は味わいがありレトロな雰囲気である。
(右下) 玄関部分にも煉瓦壁がある。

Data 1922年 (大正11年) 建築、1979年 (昭和54年) 改修
設計／不詳
Address 横浜市中区山下町7-1
※現在は休館中。2025年1月リニューアルオープン予定。

26

外交官の家

東京から横浜に移築した外交官の暮らしを体験できる華やかな西洋館

　山手エリアにある西洋館は外国人の邸宅が多いが、外交官の家は珍しく日本人の邸宅である。1910年、外交官・内田定槌の邸宅として東京都渋谷区南平台に建設された。現在公開されている建物は、1997年に横浜市が内田氏の子孫から譲り受け、山手イタリア山庭園に移築復原したものである。

　設計者は、立教大学の初代学長を務めたJ・M・ガーディナー。塔屋のついた木造2階建て住宅であり、アメリカン・ヴィクトリアン様式の華やかな外観が特徴だ。室内にはアール・ヌーヴォー風の調度品が復元され、明治の外交官の暮らしを体験することができる。ガーディナーに関する資料も展示されているため、西洋館めぐりをするなら一度は足を運んでみたい。

1階にある食堂。暖炉型ストーブやステンドグラス、緩やかな曲線の装飾が特徴的。

内田家の家紋がデザインされた玄関扉とステンドグラスの扉。

1階にある大客間。ランプや丸く張り出した出窓が柔らかな印象と重厚な雰囲気が特徴。

Data 1910年（明治43年）建築
※元々は渋谷の南平台にあった。1997年（平成9年）に現在の場所に移築復原。
設計者／J.M.ガーディナー
Address 横浜市中区山手町16
Tel 045-662-8819
Open 9:30～17:00　定休日　第4水曜日（休日の場合は翌日）／年末年始（12月29日～1月3日）

※令和7年3月末まで、工事のため休館。

1階にあるサンルーム。

玄関ホールから2階への階段。

(上) 主人夫婦が寝起きした主寝室。八角形の部屋にベランダ、浴室、クローゼットなどある。
(右) 2階にある書斎には、当時の雰囲気を伝える書棚や机が置かれている。

山手イタリア山庭園

1880年（明治13年）から1886年（明治19年）まで、イタリア領事館がおかれたことから「イタリア山」と呼ばれている。外交官の家は1997年（平成9年）に移築復原されている。

山手イタリア山庭園の入口（東門）。

山手イタリア山庭園内にある噴水。

外交官の家には、みなとみらいが一望できる「ブラフガーデンカフェ」が併設されている。

27

ブラフ18番館

大正末期の外国人住宅を復元したノスタルジックで可愛らしい建物

ブラフ18番館は、大正末期に外国人住宅として建てられ貿易商のバウデン氏が所有し、戦後は長らくカトリック山手教会の司祭館として使用されていた。その後、現在のイタリア山庭園内に移築復元し、１９９３年から一般公開されている。

木造2階建てで、フランス瓦の屋根やベイウィンドウ、サンルームなど外国人住宅の特徴を残しつつも、関東大震災の経験を活かし、外壁は防災効果のあるモルタル吹き上げ仕上げ。内部は震災復興期（大正末期〜昭和初期）の外国人住宅の暮らしを再現している。

２０１５年には、2階の展示室を寝室にリニューアルしている。横浜市認定歴史的建造物に指定されている。

オレンジのフランス瓦に白い壁、グリーンの上げ下げ窓と鎧戸が特徴的。

震災による倒壊や火災を逃れた部材を、再建する際に一部再利用されている。

窓枠は区割された小さなガラスを使いデザインされている。

1階にあるサロン。山手でかつてよく用いられていた横浜家具を復元展示している。

Data 大正末期建築〈平成5(1993)移築復元〉
Address 横浜市中区山手町16
Tel 045-662-6318
Open 9:30～17:00 休館日:第2水曜日(祝日の場合はその翌日)、年末年始(12/29～1/3)

1階サンルームからはマリンタワー、
ベイブリッジなどの情景が楽しめる。

ダイニングの向かいにある応接室にはソファが置かれている。

廊下の突き当りにある窓辺には椅子とテーブルが置かれている。

2階にある寝室。横浜市南区にあった「唐沢26番館」の家具が復元展示されている。

階段を上がり2階へ。

28 ベーリック・ホール

**戦前の現存する外国人住宅では最大規模
スパニッシュスタイルを基調とした邸宅**

エリスマン邸と額坂をはさんで隣にある建物が、イギリス人貿易商Ｂ・Ｒ・ベリック氏の邸宅として建設されたベーリック・ホールである。敷地が約６００坪あり、山手エリアに現存する西洋館のなかで、もっとも大きな規模を誇る。住宅としての役目を終えたあとは、２０００年までセント・ジョセフ・インターナショナルスクールの寄宿舎として使用されていた。スパニッシュスタイルを基調として、３連アーチの玄関の奥には白と黒のタイルが敷き詰められた空間が広がり、フレスコ画の技法を用いた壁や随所に施されたアイアンワークなど、端正かつ繊細な装飾の数々は建築学的な評価も高い。設計者は、旧丸ビルなども手掛けたＪ・Ｈ・モーガン。格式を感じさせる優雅な邸宅である。

1階にある食堂。

パームルーム。玄関から続く白黒の市松模様の床が特徴的。

パームルームの奥には、半円形の壁泉がある。

サンポーチ。夫人寝室の東側にある。

Data 1930（昭和5）年建築　設計者 J.H.モーガン
Address 横浜市中区山手町72　Tel 045-663-5685
Open 9:30～17:00
定休日 第2水曜日（休日の場合は翌日）／
年末年始（12月29日～1月3日）

3つのアーチの玄関ポーチをくぐると、アイアンフレームの玄関扉がある。

特徴的な形の階段の手すり。

書斎をイメージして設えられた主人寝室。

2階にあるバスルーム。南側にはクワットレフォイルと呼ばれる小窓が見える。

2階にある令息寝室。©Yokohama Visitors Guide

入口の門柱。

壁泉。外壁はベージュ色で、アーチはタイルで縁取られている。

29

エリスマン邸

地元住民に愛された邸宅を復元
白と緑のさわやかなたたずまい

元町公園の木々を抜けると、木造2階建ての白亜の邸宅が現れる。スイスの絹糸貿易商フリッツ・エリスマン氏の私邸であった洋館だ。

もともとは元町公園から少し離れた山手町127番地にあった。マンションの建築のために取り壊される予定だったが、エリスマン邸の解体を惜しむ住民の声を受けて、1990年に現在の場所に再建された。後に横浜市認定歴史的建造物に指定されている。設計者は、「近代建築の父」と呼ばれるチェコ人の建築家アントニン・レーモンド。直線的な外観は、白い外壁に柔らかく深い緑のアクセントが利いている。室内はシンプルなデザインであり、レーモンドが設計した家具も多い。当時の厨房部分は「カフェ　エリスマン」として営業している。

エリスマン邸の前にある庭。

暖炉のある応接室は、機能美を追求したシンプルモダンなデザインが特徴。窓下棚、大谷石のマントルピースの鋲飾りなどがアクセントになっている。

1階にある食堂には、設計者レーモンドの家具が復元展示されている。

2階にある浴室にある洗面台などは創建当時からのものが残されている。

Data 1926年（大正15年）建築
※現在の建物は1990（平成2）年に再現されたもの
設計者／アントニン・レーモンド
Address 横浜市中区元町1-77-4
Tel 045-211-1101
Open 9:30～17:00　定休日：第2水曜日
（休日の場合は翌日）／年末年始（12月29日～1月3日）

庭を眺めるサンルームは、天井が高く日光が入りやすい造りに。照明は創建当時からのデザイン。

カフェ・エリスマン

大正ロマンあふれる店内で、気品ある食器でサーブされるケーキやドリンクのほか、季節のパスタも楽しめる。

外国人居留地の面影を残す店内。

Open 10:00～16:00（ラストオーダー15:30）
※開館時間延長の場合は変更あり
定休日　第2水曜日（休日の場合は翌日）／年末年始（12月29日～1月3日）

コーヒー（¥600）。ドリンクセットは100円引き。

ボロネーゼ（¥1,600）。牛の赤ワイン煮添え。

30

山手２３４番館

木漏れ日のなかで人を待つ
コンパクトなアパートメントハウス

関東大震災では横浜も甚大な被害に遭い、多くの外国人が横浜を離れる事態となった。山手２３４番館は、復興事業の一環として建設された、外国人向けのアパートメントハウスである。1階に2戸、2階に2戸の合計4戸の住戸があり、昭和50年代頃までアパートメントとして使用された。現在、1階は当時の暮らしを再現した展示スペース、2階はギャラリーや会議等で利用できる貸しスペースとなっている。横浜市認定歴史的建造物にも指定されている。

　コンパクトな設計だが、鎧戸や煙突、上げ下げ窓などがあり、外国人が住みやすい館を建てようとした工夫が感じられる。クリーム色と緑色が多用された室内は、暖かみのある落ち着いた雰囲気が特徴的。

1階の居間には、上げ下げ窓がある。桟の取り外しができ、外すと1枚のガラス窓になる。

山手234番館のすぐ近くにある公衆電話ボックス。

玄関ポーチへと続く入口付近の様子。

2階は貸しスペースとして、貸し出されている。

Data 1927年（昭和2年）頃建築
設計者／朝香吉蔵
Address 横浜市中区山手町234-1　Tel 045-625-9393
Open 9：30～17：00
定休日　第4水曜日（休日の場合は翌日）／
年末年始（12月29日～1月3日）

31

横浜市イギリス館

英国総領事公邸の歴史と優雅な暮らしが見学できる館

1937年（昭和12年）に英国総領事公邸として建てられた横浜市イギリス館は、横浜市指定文化財で、東アジアの領事公邸の中でも高い格付けを持っている。その証拠が、玄関脇にあるジョージ6世時代を表すレリーフや正面脇にある銅板だ。鉄筋コンクリート造の2階建てで、1階には客間と食堂があり、広々としたテラスは美しい芝生の庭につながっている。

昭和44年に横浜市が取得してからは、コンサートや会議などの文化活動にも活用されている。かつてゲストルームだった2階の寝室は、横浜発祥の西洋風家具である「横浜家具」が展示されている。入館料は無料なので、気軽に当時の英国総領事公邸を見学できる。

31 *British House, Yokohama*

玄関にあるイギリス館の文字がレトロな雰囲気を感じさせる。

入口の門には「港の見える丘公園 イギリス館 横浜市」と書かれている。

横浜市イギリス館の中庭（通常は非公開）。

玄関脇にある銘板。1937年のジョージ6世時代を示す「GR VI 1937」と印した王冠入りのレリーフが残されている。

1階にあるサンポーチ。

Data 1937年（昭和12年）　設計／大英工部総署（上海）　**Address** 横浜市中区山手町115-3　**Tel** 045-623-7812
Open 9:30～17:00第4水曜日（休日の場合は翌日）年末年始（12月29日～1月3日）

2階へ続く階段と、左側には入口付近のアルコープが見える。

かつてゲストルームだった2階の寝室は現在、横浜家具を展示している。

階段にはアーチ状の大きな窓がある。

（左上）寝室に隣接する休憩室（スリーピングポーチ）。丸窓は船窓をモチーフに取り入れたと考えられている。

（左中）2階にある寝室は、創建当時は領事夫婦が使用していたと考えられている。

（左下）厨房には創建当時のままの食器棚がある。

32

山手１１１番館

港の見える丘公園に建つ ローズガーデンに囲まれた邸宅

みなとみらい線「元町・中華街駅」より徒歩５分。横浜市指定文化財の１つである山手１１１番館は、港の見える丘公園の「イングリッシュローズの庭」を見下ろす場所に建つ。設計はJ・H・モーガンによるもので、大正時代に両替商ラフィン氏の私邸として建設された。外壁の白と瓦屋根の赤、そして玄関のパーゴラに生い茂る緑が特徴的な外観は、古き良き異国情緒を感じさせる。

室内は、吹き抜けのホールが特徴的で、ダイニングルームの窓からは公園が見渡せる。隅々まで工夫が凝らされた内装や、調度品の細やかな装飾もすばらしい。地階は、カフェエリアで、ローズティーや軽食が楽しめる。

32 *Yamate 111 Building*

前庭を持つ、スパニッシュスタイルの洋館。

1階のリビングルームは大きな窓から景色を眺めることができる。

資料展示室。

パーゴラは、三連の柱のある藤棚が見られる。

Data 1926年（大正15年）建築　設計者／J.H.モーガン　Address 横浜市中区山手町111　Tel 045-623-2957
Open 9:30～17:00　定休日　第2水曜日（休日の場合は、翌日）／　年末年始（12月29日～1月3日）

ホールは柱のない回廊と吹き抜けで開放感がある。

ギャラリーは有料で使用することができる。

ギャラリースペースの展示の様子。

バスルームタイルの一部は創建当初のものが使われている。

木製のマントルピースにレンガ貼りの暖炉がある。

カフェ・ザ・ローズ

（上）併設されている「カフェ・ザ・ローズ」。ローズガーデンに囲まれた開放感あふれる空間でローズティーを味わえる、名前のとおりバラに満たされたカフェだ。
（右）建物は傾斜地に建てられ、後ろの庭側から見ると3階建てに見える。

Open 10：00～17：00（ラストオーダー16：30）
定休日　第2水曜日（休日の場合は翌日）／年末年始（12月29日～1月3日）※12月1日～12月25日は無休

33

大佛次郎記念館

赤レンガと青いステンドグラス、白い壁
作家・大佛次郎の業績を伝える

50年にわたり小説・随筆を執筆した作家・大佛次郎。その作品にもたびたび登場した横浜・山手の地に、アーチ型の屋根と赤レンガ色の外観が一際目立つ大佛次郎記念館は建つ。

同館は、大佛の没後、遺族より横浜市に寄贈された蔵書／遺品を活かす形で１９７８年に建設された。設計を担ったのは、大原美術館分館の設計でも知られる浦辺鎮太郎。建物は、大佛が傾倒していた仏作家ロマン・ロランにちなむかのように、赤レンガと青いステンドグラス、そして白い壁と、フランス国旗の三色をまとう。

竣工の１９７８年に神奈川県下建築コンクール最優秀賞を受賞し、翌年には第20回建築業協会賞を受賞。現在も、港の見える丘公園の展望台南側で、大佛の業績と生涯を伝えている。

エントランス・ロビーとセブンランプ。

大佛次郎記念館は港の見える丘公園内にある
公園の薔薇。

大佛次郎×ねこ写真展。期間により企画パネル展示
が開催されている。

2階にある展示室には原稿や初版本、書簡などが常設
展示されている。

Data 1978年（昭和53年） 設計／浦辺鎮太郎
Address 横浜市中区山手町113番地
Tel 045-622-5002
Open 4～9月 10：00～17：30（入館は17時まで）
10～3月 10：00～17：00（入館は16時30分まで）
定休日 毎週月曜日（月曜祝休日の場合は、翌平日）／
年末年始／展示替え期間／特別資料整理期間等
観覧料 一般（高校生以上）：200円、団体（20名以上）：
150円、貸館利用者が利用日に観覧した場合の一般（高
校生以上）：150円、中学生以下：無料、障がい者手帳
をお持ちの方と介助者1名：無料、横浜市在住の65歳
以上の方：100円（濱ともカード等をご提示ください）

2階にある記念室は、大佛次郎の居室が再現されている。実際に使用した机やイス、ベッド等が見られる。

ブレンドコーヒーや、霧笛オリジナルチーズケーキなどのメニューがある。

大佛次郎の小説のタイトルにちなんで夫人によって命名された「ティールーム霧笛」。

ゆっくりとくつろげるサロン。期間によってイベントや展示なども行われる。

1階にある17.5畳の和室。お茶会や同窓会、句会などに利用できる。

1階にある定員20名の会議室。

2階にある閲覧室では大佛次郎作品や関連書籍を閲覧することができる。

34

横浜山手テニス発祥記念館

日本のテニス発祥の地が記念館に
レトロな館内には貴重な資料を展示

今でこそ町のあちらこちらでテニスコートを見かけるが、日本で最初にテニスがプレーされた場所は山手公園で、1876年のことである。横浜山手テニス発祥記念館は、そのテニス発祥の地を記念して建てられた施設。館内では、さまざまな時代のテニスウェアやラケットが展示され、テニスの歴史を学ぶことができる。

山手公園内には、現在もテニスコートがある。かつてのコートには天然芝が敷かれていたが、関東大震災を経てクレーコートに変更された。現在の市営コート（オムニコート）の受付は、1933年に建てられた外国人向けの貸家を移築した「旧山手68番館」にある。レトロな建造物が好きな人には、こちらもおすすめである。

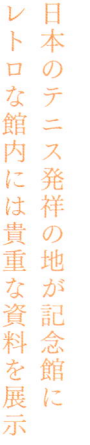

1933年（昭和8年）に建てられた旧山手68番館が、1986年（昭和61年）に山手公園に移築され、現在は山手公園管理センターとして利用されている。

横浜山手テニス発祥記念館の中には、日本のテニスの歴史を知ることができる貴重な品々が展示されている。

山手公園内にあるあずまや。

旧山手68番館（山手公園管理センター）の前に建つ、山手公園120周年の記念碑。

Data 1998年（平成10年）建築
Address 横浜市中区山手町230
Tel 045-681-8646
Open 9：30～17：00
定休日　第3月曜日（祝日の場合は翌日）、年末年始

35

横浜山手聖公会
（横浜クライスト・チャーチ）

居留地の心の支えとして再生を繰り返してきた祈りの場

西洋館が立ち並ぶ元町公園に向かい合うように、特徴的な長方形の建造物がある。J・H・モーガンが設計した、横浜山手聖公会だ。現在の聖堂は１９３１年に建てられた3代目。初代は移転のため解体されたが、2代目は関東大震災で崩壊したという。3代目も横浜大空襲で破壊され、戦後まもなく有志によって修復された。２００５年にも大規模な火災が発生し、ほぼ全焼したが、10ヵ月かけて修復されている。

J・H・モーガンは多くの建造物を残しているが、横浜山手聖公会の聖堂はとくに威厳と静謐に満ちた建造物である。ノルマン建築とゴシック様式を組み合わせた重厚感ある外観は、中世の城のよう。ひとたび足を踏み入れると、時の流れがゆるやかに感じられる。

外壁に刻まれているプレート。1945年の空襲で破壊された後、1947年に再建されたと記されている。

聖堂内部の装飾は歴史を感じさせる厳かな雰囲気。

教会の歴史が展示されている。

Data 1931年（昭和6年）建築
設計者／J.H.モーガン
Address 横浜市中区山手町235番地
Tel 045-622-0228

聖堂は大谷石の外壁で重厚な雰囲気が感じられる。

イエス・キリストの像。

主聖堂。主日（日曜日）には多くの信徒が礼拝に参列する。

（上）洗礼盤。
（左）主聖堂入り口から右隅の様子。
（下）対面式の祭壇。

聖堂にある色グラスは、2005年の火災後に建築当時の姿が復元された。

36

山手十番館

山手の丘でフレンチを楽しめる異国情緒漂うレストラン＆カフェ

　元町・中華街駅からアメリカ山公園を通り、右手に外国人墓地を眺めながら進むと、山手の丘に佇む異国情緒を感じるカフェが見えてくる。この山手十番館は昭和42年（1967年）、明治100年を記念して建てられたレストラン＆カフェで、1階はカフェで、2階はランチ、ディナーを楽しめる。なぜ十番館かというと、横浜開港当時、海岸沿いに建てられた外国の商館は「一番館」「二番館」……と番号がつけられていたためで、母体である勝烈庵の十番目の店として、山手十番館と名付けられた。

　ちなみに、山手の丘は〝日本のビール発祥の地〟としても有名で、向かいにある外国人墓地には日本ではじめてビールを醸造したウィルアム・コープランドも眠っている。

異国情緒漂う空間で、本格的なフレンチ料理を楽しむことができる。

誕生日や記念日にぴったりのAnniversary Dinner Course。

カフェのデザートメニューの1つ、プリン・ア・ラ・モード。クリームソーダやコーヒーのほか、アルコールも提供されている。

噴水もある緑豊かな西洋庭園。

夏に営業しているガーデンテラスの様子。

Data 1967年　Address 神奈川県横浜市中区山手町247　Tel 045-621-4466
Open [Lunch] 11:30～15:00　※土日祝11:00～15:30　[Cafe] 11:30～16:00 (15:00L.O)
[Dinner] 17:00～21:00　※土日祝18:00～21:00　定休日：月曜定休　※月曜祝日の場合は翌火曜

37

えの木てい

１５０年以上前のアンティークに囲まれ 自家製ケーキを堪能できる

１９２７年（昭和2年）に朝香吉蔵によって設計、建築された西洋館を改装した洋菓子店。アメリカ人検事などこの洋館を愛する人々に住み継がれていたが、約40年前に創業オーナーである安藤夫妻が移り住んできた。

ある日、妻がこの一角を見学していた女学生たちを家に招き入れ、自家製ケーキを振舞ったことをきっかけに、「この美しい庭に面するリビングを、カフェにしよう」と決意。

そうして、庭にそびえる大きな榎木を名に冠したカフェ「えの木てい」は、１９７９年にオープンした。店内は暖炉、木製の上げ下げ窓、１５０年以上昔のアンティーク家具など、古き良き横浜の雰囲気を現在もそのままの形で残している。

1階はカフェ、2階は6名様まで利用できる個室とスイーツショップがある。

2階の個室の様子。

薔薇のアフタヌーンティセット（¥3,850）。

クリームティー（¥1,650）。オリジナルスコーンと紅茶のセット。

Data 1927年（昭和2年）建築　設計者／朝香吉蔵
Address 横浜市中区山手町89-6
Tel 045-623-2288
Open 平日 12:00～17:30（L.O. 17:00）、
土日祝 11:30～18:00（L.O. 17:30）

Column
3

元町・中華街駅周辺の史跡めぐり

善隣門

横浜中華街には、牌楼と呼ばれる門が 10 基建っている。その中でも大通りにある善隣門は、中華街のシンボル的な存在の1つで、1955 年 2 月に初代が完成し、当時は「牌楼門」と呼ばれていた。1989 年に現在の姿にリニューアルして名称も「善隣門」に改められた。

赤い靴はいてた女の子像

野口雨情の詩による童謡『赤い靴』で有名な女の子の像で、1979 年（昭和 54 年）に山下公園内に建てられた。

横浜外国人墓地

幕末の米黒船艦隊来航の際の軍人の埋葬により始まった墓地で、横浜開港当時の発展に貢献した 19 世紀の人々をはじめ、40 数カ国の外国人が眠っている。資料館には埋葬者の業績を紹介する資料を展示している。

山下居留地遺跡

神奈川芸術劇場「KAAT」と NHK 横浜放送局新放送会館合同施設の壁面に展示されている山下居留地遺跡。当時のレンガ基礎や遺構が見られる。

レンガ造り井戸遺構

1896年（明治29年）に、フランス山にフランス領事館と領事館邸が建設されたときに設置された井戸。港の見える丘公園内に保存されている。

山手80番館遺跡

エリスマン邸の裏手にある遺構。関東大震災前に建てられた外国人住宅が、震災で倒壊したものが、最近になって発掘された。見学用の展望デッキが設けられている。

ヘボン博士邸跡

開港とともに来日した宣教師の一人であるヘボン博士の邸宅跡。ヘボンは聖書の翻訳や、和英・英和辞典の編纂、医術の普及などに尽力した人物。1949年（昭和24年）10月にこの記念碑が建てられた。

大正活映撮影所跡

大正活映は、1920年（大正9年）に設立された、無声映画の配給映画会社で、谷崎潤一郎が脚本を書くなど、近代的な映画製作をしていた。その撮影所があった元町公園近くにこの石碑が建っている。

桜木町駅周辺・その他

Around Sakuragichō and Others

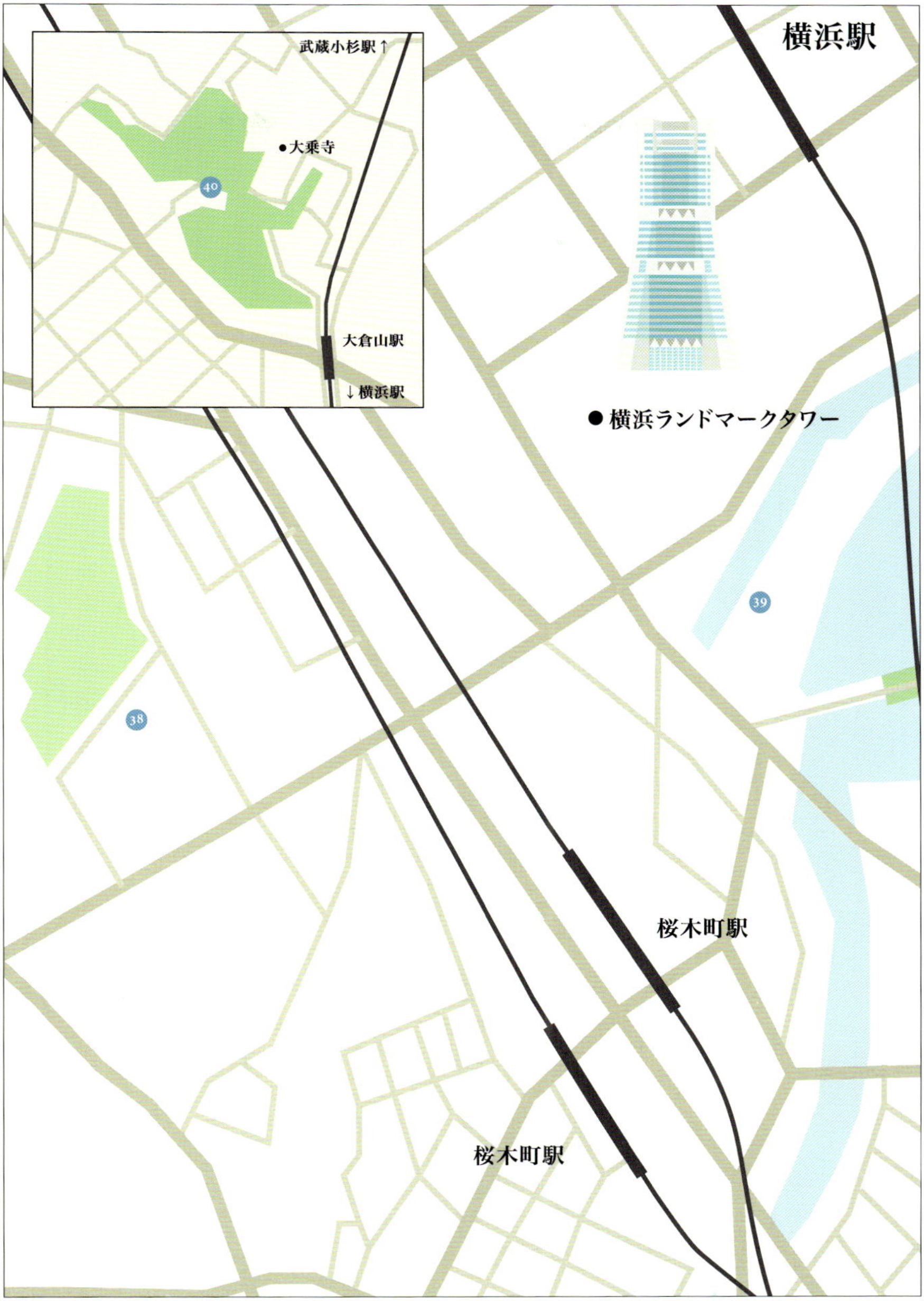
横浜駅
武蔵小杉駅↑
●大乗寺
40
大倉山駅
↓横浜駅
●横浜ランドマークタワー
39
38
桜木町駅
桜木町駅

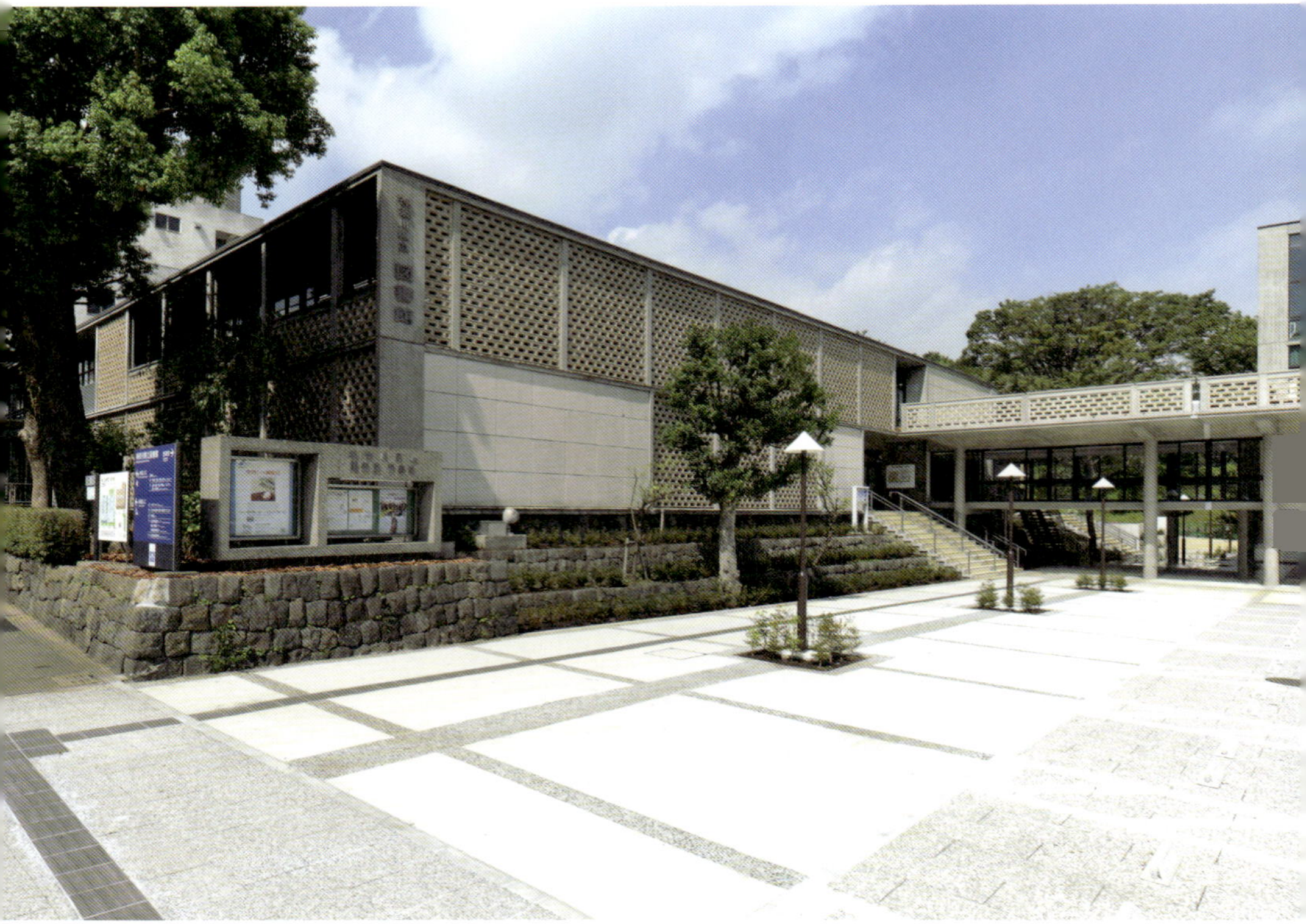

38

神奈川県立図書館 前川國男館・神奈川県立音楽堂

戦後の横浜を生きる人々の心を支え続けてきた公共施設たち

神奈川県立図書館・神奈川県立音楽堂は、戦後まもなく、横浜港からほど近い場所に建てられた。終戦間際の空襲で壊滅的な状態となった横浜の人々の心を音楽の力で癒やそうと、音楽堂の建設が進められたのである。県立図書館も音楽堂も、近代建築の巨匠として世界的に知られるル・コルビュジエに学んだ、モダニズム建築の巨匠・前川國男による設計で、壁一面に大きなガラス窓が設けられている。音楽堂の木のホールは、「東洋一の響き」と絶賛された名建築だ。２０２１年には、神奈川県指定重要文化財（建造物）に指定されている。そして、県立図書館は隣接地に新しい本館などを建設し、旧本館は２０２２年に「前川國男館」と呼ばれるようになった。

（上）コンクリートの柱と、桝目模様が特徴的なデザイン。
（右上）窓ガラスの外にあるルーバー（板状の柱のような構造物）は日除けの機能がある。
（右下）建物外部は、「枠型ホローブリック」と呼ばれる、穴あきレンガで構成されている。

後に国立国会図書館に受け継がれる「中央書庫式」を採用している。

2階から見た吹き抜け部分の様子。

【神奈川県立図書館・前川國男館】Data 1954年（昭和29年）建築　設計者／前川國男
Address 横浜市西区紅葉ケ丘9-2　Tel 045-263-5900　Open 平日 9:00～19:00／土日祝9:00～17:00　定休日 月曜日（祝日の場合は開館）／毎月第2木曜日（ただし、祝休日にあたるときは翌日）／年末年始／資料総点検期間

※「前川國男館（旧本館）」は、2024年（令和6年）現在、再整備のため休館中。「前川國男館」のエッセンスを引き継いだ新しい本館が隣接地に2022年（令和4年）オープンし、「価値を創造する図書館」として県民に親しまれている。

ホールの座席の傾斜に
合わせてホワイエの天井
も徐々に高くなっている。

開放的なホワイエの様子。

イギリスのロイヤル・フェスティバル・ホールを参考に、コンサート専門ホールとして設計された。

壁面、天井、芯材までが木でできていて、「木のホール」と呼ばれている。

玄関には黄色が鮮やかな風除室が設けられている。

【神奈川県立音楽堂】Data 1954年（昭和29年）建築
設計者／前川國男　音響設計／石井聖光
Address 横浜市西区紅葉ケ丘9-2
Tel 045-263-2567　Open 催しに合わせ開館
定休日 月曜日、12月28日～1月4日

 photo：S.Aoyagi

39

日本丸メモリアルパーク

太平洋の白鳥が横浜を象徴する
港と船のメモリアルパーク

帆を広げたその美しさが〝太平洋の白鳥〟と呼ばれた船があった。半世紀以上にわたり大型練習帆船として活躍した「帆船日本丸」である。地球45・4周分の航海を終えた帆船日本丸は国の重要文化財に指定され、現在はみなとみらい21地区にある日本丸メモリアルパークに保存されている。

日本丸メモリアルパークでは現役当時の姿の帆船日本丸が展示されているほか、横浜船渠で使われていた設備の一部などが保存展示されている。横浜港の歴史がテーマの「横浜みなと博物館」、横浜の街を愛した画家・柳原良平の常設展示室「柳原良平アートミュージアム」なども併設されている。港町・横浜の歴史を知ることができるので、ぜひ足を運びたい場所である。

芝生側はゆるやかな傾斜になっており、横浜みなとみらいを一望できる。

日本丸メモリアルパーク内に保存されているエアー・コンプレッサー。

第一、第二ドック用排水ポンプ・カバー

Address 横浜市西区みなとみらい2-1-1
Tel 045-221-0280
入館料　入園自由。帆船日本丸・横浜みなと博物館は有料、詳細は公式サイトを要確認
Open 入園自由。帆船日本丸・横浜みなと博物館は10:00～17:00、(最終入館は16:30まで)、詳細は公式サイトを要確認
定休日　入園自由。帆船日本丸・横浜みなと博物館は月曜（祝日の場合は翌日)、年末年始等、詳細は公式サイトを要確認

横浜港の歴史を知ることができる横浜みなと博物館。

40

横浜市大倉山記念館

緑豊かな丘に建つ、和洋折衷の
ユニークでクラシカルな建造物

東急東横線大倉山駅の改札を出ると、ギリシャ風の街灯が立ち並ぶエルム通りが広がる。大倉山記念館が建っているのは、そこから歩いて７分ほどの丘の上だ。

大倉山記念館は、１９３２年、大倉精神文化研究所の本館として創建された。〝東西文化の融合〟という理念に共感した長野宇平治による、和洋折衷かつクラシカルな設計が特徴だ。世界的にも珍しい〝プレ・ヘレニック様式〟が取り入れられ、古代ギリシャ文明よりもさらに古い文明を意識した建造物となっている。その一方で、ホールには日本の神社建築の木組みを取り入れるなど、まさに東西文化が融合したユニークな美しさが特徴だ。現在はドラマや映画のロケ地としても活用されている。

（右）ギリシャ神殿様式のピロティー。
（下）正面の破風には、八稜鏡と鳳凰の彫刻が施されている。

（上）エントランスから見上げると、テラコッタ製の彫刻が四方に並んでいる。
（右上）扉に施されたロゼット。
（右下）歴史を感じさせる重厚な雰囲気の階段。

Data 1932（昭和7）年建築　設計者 長野宇平治
Address 横浜市港北区大倉山2-10-1　Tel 045-544-1881
Open 9:00～22:00　定休日 毎月第2月曜日など

エントランス正面の大階段。一階に降りると階段裏には留魂礎碑がある。

プレ・ヘレニック様式の特徴の1つである三角型空間が随所に見られる。

80名収容可能な多目的ホール。四隅の柱上部には神社建築の木組みである斗栱が取り入れられている。

エントランスから左手にあるロビー。

昭和7年（1932）に大倉精神文化研究所を創立した大倉邦彦氏。所長として研究所の運営・指導にあたった。

（写真提供：公益財団法人大倉精神文化研究所）

2階にある回廊式のギャラリー。

索引

※五十音順

< Creative Staff >
構成・編集：浅井貴仁（エディットリアル株式會社）
デザイン：吉田恵美、宮島佑佳
写真：小林浩一
写真協力・提供：イタリアンダイニング カリーナ／えの木てい／大佛次郎記念館／神奈川県立音楽堂／神奈川県 教育委員会 県立図書館 広報・生涯学習推進課／神奈川県立歴史博物館／かながわ フォトライブラリー／カフェ ドゥ ラプレス／株式会社日比谷花壇／公益財団法人大倉精神文化研究所／公益財団法人横浜市緑の協会／創価学会／馬車道十番館／ PIXTA ／ホテルニューグランド／山手十番館／横浜赤レンガ倉庫／横浜観光情報

横濱 レトロモダン建物めぐり

2024年10月30日　　第1版・第1刷発行

著　者　横濱たてもの探訪会（よこはまたてものたんぼうかい）
発行者　株式会社メイツユニバーサルコンテンツ
　　　　代表者　大羽 孝志
　　　　〒102-0093 東京都千代田区平河町一丁目1-8
印　刷　株式会社厚徳社

◎「メイツ出版」は当社の商標です。

ご意見・ご感想はホームページから承っております。
ウェブサイト　https://www.mates-publishing.co.jp/

企画担当：小此木千恵